체크인 체크아웃

체크인 체크아웃

류창희 여행 에세이

수필과비평사

| 서문 |

체크인

'파쿠르Parkour'라는 스포츠가 있다. 2024년 파리올림픽에서 시범으로 선보일 체조 종목이다. 건물의 옥상 난간 벽 사이를 공중 곡예사처럼 러닝과 점프로 이동한다. 선수들은 앞사람의 등이 보이면 방향을 바꾼다고 들었다. 독창성이 생명이기 때문이란다.

2015년 《여행작가》 잡지에서 원고청탁을 받았었다. "유치한 것을 유치하지 않게, 뻔한 것을 뻔하지 않게!" 일상을 여행처럼, 여행을 일상처럼 제멋에 겨운 〈좌충우돌 부부 여행기〉를 한 해 동안 연재했다.

방학마다 "원 텐트, 투 피플!" 텐트와 침낭 밥솥을 지고 들고 남프랑스의 야영장, 아일랜드의 B&B 농가 민박, 파리의 개인 스튜디오, 인도 미국 캐나다 동유럽 스페인 네팔 등을 여행했다. 그동안 방탄소년단이 세계무대를 누볐고, 팬데믹으로 한

동안 하늘길 물길 국경이 폐쇄되었다. 이제, 우리나라는 K팝의 위상으로 세계 젊은이들이 가장 순례하고픈 문화의 성지가 되었다.

  가슴 떨릴 때 시작한 여행이, 어느덧 다리가 떨리는 시간이 다가왔다. 곳곳에서 감성 세포들의 응원으로 한 권의 여행 에세이를 남긴다. 낯선 땅 낯선 환경에서도 파쿠르 경기처럼 운전해주던 남편에게, 그리고 무엇보다 비행기 표를 제공해 줬던 항공회사에 다니는 영근에게 고마움을 전한다.

  《체크인 체크아웃》을 출간해준 수필과비평사의 '황의순문학상 운영위원회'에 감사드린다.

2023년 초가을
류밍웨이

| 차례 |

| 서문 | 체크인

1부 수필은 여정

수필은… 14

2박 3일, 달콤하고 떫은맛 15

경부선 19

5호 차 24

첨벙첨벙 29

추로지향鄒魯之鄉, 퇴계의 향기 31

선상 문학 40

가까이하기엔 너무나 먼 당신 44

불꽃, 지르다 49

나도야 선수 54

2부 적자생존, 찍자생존

감성, U턴하다 62

미끼 67

몽마르트르를 탐하다 72

적자생존, 찍자생존 76

파리지앵pəríʒən, 이 남자 81

파리지엔느Parisienne, 이 여자 87

마담, 모르쇠 92

모딜리아니 98

오캄 102

부사니 107

3부 체크인 체크아웃

U턴   114

꽃시름   117

체크인 체크아웃   122

그깟, 짐 따위   127

나는 안다, 어젯밤에 당신이 한 짓을   132

링거 효과   138

김씨네 편의점   140

MERS의 강   142

Innisfree, 그곳   151

가파른 사랑   156

4부 봄의 질주

나는 럭셔리하다　162

봄의 질주　163

야영장, 낯선 풍경　166

빵　171

고흐의 환생　173

내비아씨의 프로방스　178

사달　183

별을 품은 그대　188

shall we dance?　193

책 읽는 침대　199

5부 블루, 크로아티아

풀꽃 꽃병 206

블루, 크로아티아 209

주홍, 두브로브니크 213

옐로, 헤르체고비나 218

거꾸로 캠퍼스 223

몰입 228

아뿔싸 230

멀미 235

마도로스 240

오키나와에서 사보르까지 244

6부 살롱에서 체크아웃

난민촌 250

문양紋樣 255

카푸치노 타임 260

낮술 265

솜틀집 손녀딸 268

어에 머물다 271

타타타, 메타 277

류밍웨이 282

살롱, 체크아웃 286

1부

수필은 여정

수필은
2박 3일, 달콤하고 떫은맛
경부선
5호 차
첨벙첨벙
추로지향鄒魯之鄕, 퇴계의 향기
선상 문학
가까이하기엔 너무나 먼 당신
불꽃, 지르다
나도야 선수

수필은…

　수필은 여정旅程! 시공을 초월하여 문文으로서 만난다. 성현과 군자와 문헌과 문우와 그리고 나. 궁핍한 나의 일상을 품稟과 격格으로 다독여 이문회우以文會友 이우보인以友輔仁의 경지로 이끈다. 못 만났으면 어쩔 뻔했나. 나의 벗 나의 스승, 수필!

2박 3일, 달콤하고 떫은맛

남편은 2박 3일 출장을 간다며 애석해하는 눈치다.
'2박 3일' 듣는 순간, 퐁퐁 와인 따르는 소리가 들렸다. 얼마나 기다리던 시간이었던가. 표정 관리할 틈도 없이 "고맙습니다." 저절로 인사가 튀어나왔다.

혼자 2박 3일, 달콤하지 않은가. 몽환적인 분위기를 즐길 만한 시간이다. 하얀색 원피스를 입으면 좋을 것이다. 부드럽고 헐렁한 면 소재라도 좋고 속살이 훤히 비치는 실루엣이라면 더 좋겠다. 클림트의 '세레나 레데러의 초상화'가 되어 스스로 관음증 환자가 된들 어떤가.

남자들은 왜 자신이 집을 비우면 안 된다고 생각하는지…. 중세시대 《르네상스 풍속사》에서 그들은 긴 시간 집을 비울 때, 아내에게 정조대를 채웠다. 여자들은 현관에 기대어 남편을 배웅한다. 야릇한 표정 뒤에 감춰진 손으로 뒷문을 열어 정인情人을 맞아들인다. 정인은 물론 복제된 정조대의 열쇠쯤은 가지고 있다. 남편들은 처음부터 정조대 따위는 만들지 말았어야 했다.

2박 3일, 2박 3일은 사랑을 완성하기에는 모자라는 시간이다. '매디슨 카운티의 다리'에서 여주인공 프란체스카는 사랑을 따라나서지 못했다. 여성의 욕망을 누르고, 어머니 프란체스카로 남는다. 2박 3일은 자신의 사랑만으로 승화시키기에는 부족한 시간이다. 여자는 아내인 동시에 어머니다. 어미가 되면 남편보다 애인보다 소중한 울타리가 있다. 그래서인가. 남편에 대한 사랑은 자식을 낳음과 동시에 끝이라는 박정한 말도 있다.

몇 년 전, 어느 기관에서 공부할 때 이야기다.

"선배, 나 다음 주에 스터디 못 나와요."

"왜?"

"여행 떠나거든요."

"좋겠다. 누구랑?"

남편과 같이 간다는 말에 선배는 아주 놀란 표정으로 "괜찮아?" 되묻는다. 한술 더 떠 "어쩌다 그렇게 되었느냐?"며 위로까지 한다. 나는 '부럽다'라고 할 줄 알았다.

어느 분은 원도 없이 여행하며 산다. 남편에게는 항상 퇴직하면 당신과 함께 유럽여행을 가고 싶다고 말했단다. "세월이 이렇게 빨리 올 줄 몰랐어요."라며 다음 달이 바로 D-day라며 울상이다. 어디 좋은 곳에 가서 문득 떠오르는 사람, 같이 아침이슬을 보고 싶은 사람이 있단다. 느닷없이 제주도 올레길에서 내가 생각나더라며 나에게 달콤한 덫을 놓는다. 그들 부부 사이에 끼여서 완충지대 역할을 해달라는 말씀이다. 이렇듯 여자들은 나이가 들면 남편을 밀어내고 싶어 한다.

출장 간다는 말에 바로 "고맙다"라는 말에 "다른 사람이라면 몰라도, 당신이 어찌 그런 말을" 할 수가 있느냐며 몹시 서운해한다.

나도 때론 다른 사람이 되고 싶다. "논어를 읽는 사람이…." 《논어》는 공자와 공자 제자들의 어록이다. 나를 너무 성인군자로 격상시키고 있다. 여태까지 날마다 아내의 머리카락에 비녀를 꽂아주었으면 되었지, 옷고름까지 묶어 놓으려고 한다. 나는 이미 노장족老莊族의 무위자연 절대자유를 꿈꾼 지 오래다.

이쯤 되면 '막 가자'라는 시추에이션? 아니다, 절대 아니다. 내가 여태까지 지극히 도덕적으로 쌓아온 세월이 있는데…. 그저 내 집 아궁이에 불 지피지 않고 현관문 여닫지 않는 시간이 필요하다. 제멋에 겨워 자신에게 건배하고 싶다.

'나의 남편 그대여! 와인 잔이 깨질 것을 두려워하지 마세요. 누가 더 치켜들고 누가 더 겸손하게 내렸는지 잔의 높이에 신경 쓰지 마세요. 당신과 나는 술 때문에 마주앉은 것이 아니고, 크리스털 유리잔이 예뻐 마주앉은 것도 아니랍니다. 안주의 고소함과 달콤함에 마음을 빼앗기지 마세요. 제 눈빛을 놓칠 수 있어요. 눈빛은 아직 따뜻하답니다. 당신께서 늘 우리의 만남은 운명이라 하셨던가요? 주례 선생님이 검은 머리 파뿌리 되도록 백년해로하라고 했습니다. 나는 잠시, 나만의 로맨스 '2박 3일'이 모자랄 뿐입니다.'

2박 3일, 2박 3일은 내게 퐁퐁 소리가 나는 와인 맛이다. 품질이 좋은 와인일수록 단맛보다 떫은맛이 강하다고 한다. 요즘 남편 앞에 나의 심기는 점점 떫어진다. 아무래도 나는 질(?) 좋은 아내가 틀림없다.

경부선

 봄날의 연두는 아니다. 벼 베기가 끝난 짚색의 가을이다.
 철 지난 과수원, 까치밥처럼 매달린 붉은 감, 빠른 속도로 오선지처럼 스쳐 지나가는 전깃줄과 전봇대가 연주하는 풍경이다.
 누가 그랬다. 가족을 위해서 열심히 생활한 주부는 무단으로 2박 3일 정도 여행할 자격이 있다고. 그렇게 따진다면 진작 떠났어야 했다. 오늘 혼자 기차를 탔다.
 처음 경부선 기차를 타던 날이 생각난다. 난생처음 친구들과 길고 먼 여행이 가져다주는 설렘에 밤새도록 재잘대도 지칠 줄 모르던 12시간의 야간 완행열차였다. 시끄러움, 담배 연기, 조금의 틈만 있으면 신문지 쪼가리를 깔고 앉아 눈을 붙이고, 그 틈새를 용케도 지나가는 "심심풀이 오징어, 땅콩, 삶은 달걀"을 파는 판매원들. 무질서 속의 각양각색의 사람들이 만들어내는 인정이 풀풀 넘쳤다.

　새마을호를 타게 되면서, 간이역 사람들의 정겨움을 만날 수가 없다. 그들의 토속적인 억양으로 듣는 이야기, 옷매무새, 이고, 들고, 메고 다니던 짐 꾸러미를 볼 수 없는 것이 아쉽다. 청도역을 지날 때면, 맑은 솔바람 속에서 주렁주렁 청포도가 연상되어 입안에 침이 고이고, 고모역을 지날 때면, 내 고향 포천 소흘읍 고모리의 고모님들처럼 정겹고, 옥천역은 목련꽃이 핀 마을 어귀에서 올린 머리에 한복을 입은 여사가 손을 드는 듯해 객쩍게 손을 흔들기도 했다. 역마다 이름과 어우러지는 느낌을 떠올리며, 터널 수를 세며, 영동역을 기점으로 반은 왔다며 시간을 가늠했다.

　연애할 때 기차를 많이 탔다. 서울과 부산을 오르내리며 길에다 돈을 깔았다. 외출 나온 군인이, 부산역에서 차마 헤어지지 못하고 구포까지만 대구까지만 하다가 서울역까지 왔다가 되돌아간 날. 군기 잡혀 머리를 거꾸로 꽂아 박고 달을 올려다봤었다고 한다. 거꾸로 보는 달 속에 애인의 얼굴이 있어 기합이 힘들지 않았었다는 그 말을 아직도 믿고 있다.

　토박이 부산 사람과 결혼해 풍습도 말씨도 빨리 섞이지 못했다. 잠시 남의 집에 세 사는 사람이 집안 안팎을 쓸고 닦음을 게을리하듯, 꼭 얼마간 살다가 떠날 듯, 마음의 마루를 쓸고 닦고 윤내기를 하지 않으니 날마다 뜬 생활이다. 아이들이 말을 배우고 학교에 가면서부터 상황이 달라졌다. 아이들에게는 부산이 고향이다. 튼실하게 뿌리를 내려 주는 것이 어미의 역할이다. 서류를 떼면 남편과 아이들은 물론 내 본적지까지 부산으로 나온다.
　나는 부산 사람이다. 정신 차린 그 날부터 '부산오뎅' '부산우유' '부산일보' '부산시립 박물관', 문화회관, 도서관, 미술관, 책도 '釜山 浦' '釜山의 脈' 부산의 환경단체 등의 문을 두드리며 부산으로 쑥 들어왔다.
　노력에도 불구하고, 혹 누가 어디 사람이냐고 물으면 당연히 부산 사람이라고 말해도, 금방 이방인 취급을 받는다. 친정 식구나 친구들은 내가 말하는 것을 들으면 "너 부산 사람이 다 되었다."고 어색한 말투를 놀린다. 부산말을 하면서 억양은 서울 투로 하는 것 같다. 생각과는 달리 경부선의 경계인이다.
　삶의 잣대는 어느 쪽으로 가까워지느냐에 따라 마음의 무게가 실린다. 기차의 덜컹거리는 소리를 무겁고 힘들게 끌고 가는 날은 집안에 걱정거리가 쌓인 날이다. 생활의 편안함도 불편함도 기차 속도에 따라 가늠된다. 경부선은 내가 살아가는 저울대가 되어 균형조절을 했다.
　무릎 위에 책을 펼쳐놓고 밖을 본다. 멀리 보이는 산세를 보고 어디쯤인가를 짚어본다. '21세기는 고속전철과 함께' 고가다리만 계속 이어져 이도 저도 놓쳐버린다. 전에는 기차 안에서의 독서는 사람과 사람 사이를 이어줬다. 옆에 앉은 남학생이 "무슨 책을 읽으세요?" 다가오면 로미오는 읽었는데, 아직 줄리엣은 읽지 못했다며, 독서가 취미라고 은근 문학소녀를 자처한다. 아마 그 친구도 아직 줄리엣만 읽었지 로미오는 읽지 않은 것 같다. 햇볕을 차단하는 색안경이 눈길을 벗어나게 한다면, 한 권의 책은 사람을 밀어내는 힘이 있다. 책을 펴면 누구도 아는 체하지 않는다.

옆자리에 앉은 사람은 또 다른 방법으로 나를 밀어내고 있다. 이어폰을 꽂고 무언가를 듣거나 핸드폰만 본다. 오늘 내 옆에 누가 앉을까? 그런 낭만 자락의 관심을 보였다가는 언제 신고를 당할지 모른다. 기가 차서 기차다. 기차가 기대를 저버렸다.

"오늘도 저희 철도를 이용해 주셔서 감사합니다."라는 안내방송이 우리말로 일본말로 또 중국말로도 나온다. 한낮의 햇살에 더욱 반짝이는 63빌딩이 보이기 시작하고, 기차는 빠른 속도로 한강철교를 지나고 있다.

"종이 울리네. 꽃이 피네. 새들의 노래 웃는 그 얼굴"

경쾌한 리듬을 타고 패티킴은 아름다운 서울에서 살겠다고 목소리를 높이고 있다. 남산이 보이고, 눈에 익은 빌딩들, 거리 풍경, 내가 다닌 초등학교부터 거닐던 거리, 살던 집, 가족, 친구들을 다 몰고 온다. 한 장면이라도 놓치지 않으려고 추억의 확대경을 들이대며 선명하게 그려본다. 내게 서울은 설렘이다.

되돌아갈 때는 늘 저녁이기 십상이다. 피로감과 함께 무사히 돌아왔다는 안도감이 실려 있다. "형제 떠난 부산항에~ 갈매기만 슬피 우네." 조용필은 왜 저리도 쥐어짜는지 "돌아와요 부산항에…" 돌아왔다, 어쩔래? 괜히 부아가 난다. 경쾌한 부산 찬가로 바꿨으면 좋겠다는 생각을 한다. 일상은 현실이다. 내일 아침 무슨 국을 끓일까. 도시락 반찬은? 빨랫감, 납부기한이 임박한 고지서가 전봇대 숫자만큼 줄줄이 서 있다.

어디 사람인가. 태어난 곳, 자란 곳, 지금 사는 곳? 옆자리에 여행객이 물으면 나는 "경부선 사람"이라고 대답하려고 한다. 반나절이면 왕복할 수 있는 경부선 KTX 안에서 말 거는 사람이 없다. 말은커녕 눈도 마주치지 않는다. 그뿐인가. 마스크를 벗으면 승차 거부에 벌금까지 내야 한다.

"아~, 옛날이여~♬"

5호 차

　기차는 떠나기 15분 전에 개찰한다. 순발력이 부족한 나는 개찰구 맨 앞에 줄을 서기 위하여 언제나 30분 정도 일찍 서둘러 나간다. 개찰과 동시에 초등학교 운동회 날 나의 달리기 목표처럼 5라는 숫자를 향해 뛴다.
　주말마다 늘 5호 차 차표를 예매했었다. 5호 차는 차비를 10% 할인받을 수 있기 때문이다. 같은 서울 하늘 아래 살아도 달동네가 있듯, 기차에도 새마을호의 5호 차는 달동네인 셈이다. 할인 요금보다 더 매력이 있는 것은 '자유석'이라는 공간이다.
　방금 청소가 끝난 통로에 들어가 빈 곳에서 내 자리를 고르는 재미가 최고조다. 홀수와 짝수로 나눠 정해지는 창 측 내측을 신경 쓰지 않고도 말갛게 닦아놓은 창가를 마음대로 선택할 수 있다. 종착역에서 내릴 때를 생각해 뒤쪽 너른 창가로

자리를 정한다. 외투를 벗어 옷걸이에 걸고, 발판과 다리 보조대를 조정하며, 등을 기대 편안한 자세를 잡는다. 그제야 뒤늦게 몰려드는 승객들을 보면서, 뿌듯하다. 마치 내가 기차 한 칸을 송두리째 전세 내어 다른 승객들에게 나눠주는 기분이다.

언제 한번 내 것이라고 마음대로 무엇을 골라 본 적이 있는가. 자랄 때는 맏이라고 양보하고, 커서는 체면 때문에 사양하고, 염치 차린다고 물러서고, 가격 따진다고 포기했으니 기회를 놓치고만 살았다. 5호 차 타는 날은, 잠 조금 덜 자고 발이 조금 수고로우면 나에게 주어지는 특권이 눈앞에 있다. 어찌 즐겁지 아니하랴. 더구나 내가 맡은 자리는 전세 등기에 확정일자까지 받아놓은 만큼의 효력을 발휘한다. 내가 양보하지 않는 한, 아무도 내 자리를 빼앗을 수 없다.

세상에 공짜가 있겠는가. 일반실, 특실, 비즈니스실과는 달리 할인 혜택만큼의 불이익이 있다. 5호 차 옆 칸은 식당칸인 까닭에 식사하러 들고나는 손님들로 번잡하며, 내릴 때도 열차 진행 방향의 뒤쪽으로 물러서는 불편함을 감수해야 한다.

어느 날, 점잖은 두 신사분이 좌석번호가 명시되어 있는 일반실 차표를 보여주며, 일행임을 내세워 자리를 바꿔 달라고 버티고 서있다. 나는 이 자리를 잡으려고, 식구들 아침밥도 제대로 못 챙겨주고, 일찍부터 서둘렀다고 사정을 이야기해도 아랑곳하지 않는다. 하필이면 내 앞에서 왜 나만 쳐다보는지, 성

냥팔이 소녀처럼 처진 내 눈꼬리가 야속하다. 오히려 할인차액의 삼천 원을 얹어주겠다는 제안까지 하니, 야박한 제안에 오히려 뒤통수만 간지럽다.

그날은 어땠는가. 젊은 새댁이 두 살쯤 되어 보이는 사내아이를 무릎에 앉혀놓고 여행 중이다. 아이가 칭얼대고 울더니 통로 가운데를 뒤뚱거리며 헤집고 다닌다. 조카들이 그 또래인지라 측은하게 여겼다. 역무원은 수시로 들어와 아이와 엄마를 단속한다. 모르는 척 외면하면 될걸, 나는 그 민망함을 견디지 못했다.

창밖을 내다보며 자동차, 까치, 터널… 말을 시키니, 제법 따라 하며 노는 양이 귀엽다. 잘한다고 칭찬을 하자, 신이 난 아이가 신을 신은 채 내 무릎 위로 올라서서 폴짝거리는 통에 몹시 아프다. 아픈 것보다 그날 발표할 과제물을 꺼내 첨삭과 밑줄도 그어야 하는데, 정신이 없다. 아이 엄마는 미안해하고 나는 치밀어오르는 부아를 감추고 "괜찮아요." 클 때는 다 그렇다고 한마디한 죄로, 아이에게 뺨을 맞으면서, 머리카락을 끄잡히면서, 부산에서 서울까지 보모 노릇을 하지 않았던가.

철도 잡지인 《레일로드》에 사진작가 겸 대학교수라는 남성의 기사가 실려있다. 그는 노트와 연필 한 자루만의 호젓한 여행을 위해 침대칸 한 칸의 좌석표를 모두 끊어, 혼자만의 공간을 확보했었다는 무용담을 썼다. 대단한 경제력도 능력이려니와 대중교통수단을 혼자 점유하는 통 큰 배짱은 또 무엇인가. 그 글을 읽으며 나도 내 옆자리를 예매할 수 있었다면 얼마나 좋았을까, 라는 맹랑한 생각을 했다.

설령, 두 장의 차표를 예매했다손 치더라도, 5호 차 사람들은 옆자리를 비워둘 수가 없다. 좌석번호가 없으니 무슨 말로도 막을 수 없다. 5라는 숫자는 열외다. 등수 밖으로 밀려나 있으니 상품을 탐내지 않는다. 6명이 달리는 대열에서 그저 꼴등이나 면해 보고자 발버둥 치는 중이다.

행운도 노력의 결과라고 하던가. 복권에 당첨된 사람치고, 처음 샀는데 어쩌다 운이 좋아 횡재를 얻게 되었다는 소리는 듣지 못했다. 매주 산 복권이 서랍장 가득 인쇄역사를 보관한 사람들을 보면서 정당한 대가라는 생각을 했다.

5호 차 사람들은 서울 – 부산을 일일생활권으로 좁혀놓은 이들이다. 나처럼 새벽차를 타고, 당일 밤으로 되돌아오는 왕복권 사람들이다. 새마을호 5호 차 안에 승차한 시간만 하루 10시간이 넘는다. 더러는 그날처럼 난처함을 겪는 날도 있었지만, 붉게 충혈된 눈으로 출퇴근을 하고, 전공 서적을 보고, 노트북을 열어 자신의 꿈을 디자인하고 이뤄낸, 자칭 '개천의 용' 꿈틀이들이다. 차 안에서 코까지 골며 곯아떨어진 그들이 벗어놓은 밑창 낡은 구두. 그 신발들이 그들을 대변한다.

꿈꾼 만큼의 정직한 행운을 기다리는 사람들. 5호 차는 꿈을 실은 기차였다. 20여 년 전, 나는 일주일에 한 번 2년 동안을 새마을호 5호 차 고정 고객이었다. 새벽 2시에 부산에 도착해도 눈이 샛별처럼 반짝이던 시절이었다.

첨벙첨벙

우산을 써도 시원치 않은데, 지나가는 차도 물벼락을 끼얹는다. 구두 속에 물이 차더니 순식간에 벗겨진다. 물살에 삽화 한 장이 떠오른다.

스무 살 무렵, 명동 케리부룩에서 메리제인 스타일의 단화 한 켤레를 샀다. 구두값은 월급에 비하면 거금이다. 토요일 오후, 퇴계로 2가 육교를 건너 친구와 남산 길을 오르고 있었다.

남산골 중턱 한옥마을을 지나가는데, 마른하늘에 날벼락처럼 비가 쏟아졌다. 골목길이 금세 봇물이다. 종이쇼핑백이 찢어지면서 구두 한 짝이 떠내려간다. 빨리 쫓아가 붙잡아야 하는데, 처음에는 허둥대다 떠내려가는 구두 모양을 보니 장난꾸러기 소녀 같다. "번쩍", 번갯불에 웃음보가 터졌다. 구불구불 휘말리다 이곳저곳 곤두박질친다. 빨강 구두 춤사위가 경쾌하다. 빗소리에 파묻혀 아무도 듣지 못했다. 하늘도 땅도. 혹시, 남산골샌님들의 혼령은 들었을까. 청렴과 결백을 삶의 목표로 경서經書를 읽다가 몰래 창호지 문구멍으로 내다봤을지도 모른다.

여윈 뺨, 코와 입은 비록 쪼그라졌으나 굳게 다문 입술과 수염, 이마는 결기에 차 있다. 남루한 의복과 매무새는 우스꽝스럽지만, 앙큼한 자존심과 꼬장꼬장한 '딸깍발이' 선비정신이다. 구두는 흐르고 흘러 부산까지 떠내려왔다. 제도권의 순탄한 행보였을까? 그 길은 하늘길도 기찻길도 고속도로도 아니었다. 40여 년 전의 남산골 빗소리가 문득, 오늘 내 발 속에서 들린다.

강의실에 들어서니, "까르르 깔깔" 해양 도시답게 웃음바다다. 짚신 삼을 여유도 없이, 사철 철없이 딸깍거리는 나막신 한 짝을 손에 들고, 물에 빠진 생쥐의 꼬락서니라니. '논어 에세이' 수업시간, 해운대도서관 생원生員님들이 "신신여야 요요여야申申如也 夭夭如也" 빗소리 아랑곳하지 않고, "몸을 활짝 펴고, 마음은 온화하게" 논어 문구 사이에서 첨벙첨벙 맨발의 왈츠 스텝이다.

추로지향鄒魯之鄕, 퇴계의 향기

　안동의 군자리, 기와집이 보이기 시작했다. '동국인물 반재영남 영남인물 반재안동東國人物 半在嶺南 嶺南人物 半在安洞'. 동국의 인물 중 반은 영남에 있고 영남 인물 중의 반은 안동에 있다고 했다던가. 살림은 가난해도 도덕만은 풍부한 곳, 학문과 예절이 바르고 어진 선비와 명현 석학들이 많이 배출되었다는 안동은 선비의 고장이다. 퇴계는 산수를 남달리 사랑하였다더니, 오류선생五柳先生의 〈귀거래사〉 병풍이 겹쳐 보인다.

　산자락에 산수유와 진달래가 한창이다. 멀리 보이는 정자, 소나무 숲에 쌓인 시사단試士壇이다. 당시 영남 일대의 유생 7천여 명이 호수 가운데로 배를 타고 들어가 시험을 봤었다고 한다. 봄 가뭄으로 안동댐이 바짝 말라 곳곳이 쩍쩍 갈라져 있다. 산천은 메말라도 분명히 봄은 와 있었다.

　서원의 입구 '鄒魯之鄕(추로지향)' 표지석이 반긴다. 공자孔子와

맹자孟子가 태어났던 성현들의 고향처럼 유학儒學의 터전이라는 뜻이다. 공자의 77대손인 공덕성孔德成 선생이 도산서원을 방문했을 때에 남긴 휘호라고 한다.

1. 도산서원

퇴계가 거처하던 온돌방을 완락재完樂齋라 하고 제자들을 가르치던 마루방을 암서헌巖栖軒이라 한다. 완락재와 암서헌은 각각 주자의 명당실기名堂室記에서 따온 이름이다. 그 옆에 농운정사隴雲精舍는 제자들이 생활하던 공간, 요즘으로 치자면 기숙사다. 퇴계는 언제나 지식보다 생활과 실천을 가르쳤다고 한다.

우리 '부산퇴계학연구원' 일행은 전교당典敎堂에서 폐백을 드리고 상덕사尙德祠 '退陶李先生(퇴도이선생)'을 주향主享으로 월천 조공月川趙公을 종향從享으로 위패를 모신 사당으로 들어갔다. 사당은 얼마 전까지만 해도 여자와 부정한 사람과 예복을 갖추지 않은 사람을 출입시키지 않던 신성한 곳이다. 전교당의 유사가 대표로 남자 세 사람만 관복을 갖추게 하고 여자인 나는 들어서지 못하게 했다.

본래 알묘謁廟는 아무나 하는 것이 아니라고 잘라 말씀하신다. 그러나 내가 아무나인가. '퇴계학 부산연구원의 원보 지령 100호' 기념으로 퇴계 종손의 취재를 맡은 편집위원이 아니던

가. 그분은 아직도 남존여비男尊女卑의 사상에 갇혀 있는 듯하다. 오히려 내가 실무자고 높으신 분들이 나를 도우러 함께하신 것을 모른다.

여기까지 와서 알묘를 못 할 수는 없다. 아마 지금 퇴계 선생이 살아 계셨더라도 분명히 나만은 따로 들어오라 하셨을 것이다. 430여 년간 지켜온 금녀의 벽. 퇴계 탄신 500주년 기념식에 찾아온 공자의 후손인 공덕무 여사도 거부했던 곳이란다. '선비문화체험 연수'가 아닌, 유림儒林의 당당한 자격으로 연두색 원삼圓衫 예복에 화관을 쓰고 퇴계 선생을 알현했다. 이렇듯 역사는 흘러가고 예는 시대에 맞게(時中) 변화하는 것이다. 남자는 청색 관복과 검은 사모를 쓴다.

진설 직전 홀기笏記대로 제수를 장만하는 전사청과 퇴계의 문집을 출판하는 장판각藏版閣, 퇴계가 생존 시에 사용하던 매화벼루, 흑색 벼루, 매화, 꽃 등, 연갑 등등 유물들을 전시해 놓은 옥진각玉振閣을 두루 돌아 나오며 퇴계의 아취雅趣를 흉내라도 내고 싶은 마음으로 설렌다.

2. 퇴계 묘소

중국에 공맹孔孟이 있었다면 한국에는 퇴계가 있다.

예장禮葬을 하지 말고, 조그마한 돌에다 '退陶晚隱眞城李公之墓퇴도만은진성이공지묘'라고만 쓰고 뒷면에 간략하게 향리와 조상의 내력과 지행과 출처만을 새기도록 한 담백한 유언에 덧붙여, "매화분에 물을 주어라." 하고 돌아가셨다는 퇴계 묘소답게 봉분과 비석이 소박하다.

송宋나라의 임포가 매화를 아내로 삼고, 학을 자식같이 여겨 매처학자梅妻鶴子라 했다고 한다. 퇴계 선생은 "매화는 아무리 추워도 향기를 팔지 않는다."라는 '매한불매향'(梅寒不賣香)이라 하며 매화를 매형, 매선, 매군으로 마치 가족처럼 친근하게 여겼다고 한다. 어쩌면 선생에게 매화는 바로 자신의 모습이었을 것이다.

특히 매화를 사랑하여 평생 매화 시詩를 지은 퇴계 선생이시다. 그렇다면 매화처럼 맑고 향기로운 여인에 대해서는 무관심하셨을까. 마침 묘소 앞에 싱싱한 꽃다발이 놓여 있다. 이 이른 아침에 누가 놓고 갔을까. 얼핏 꽃다발에서 한 여인의 그림자가 보이는 듯하다. 혹시, 퇴계만을 섬기고 사랑하며 종신 수절하였다는 그녀는 아닐는지…. 나는 일찍이 '무불경毋不敬'을 배웠건만, 하필 이런 곳에서 왜 '두향'이가 떠오르는지…. 하지만 퇴계에게 그런 운치조차 없었다면 문향文香을 어이 떨쳤겠는가. 오백 년 세월을 넘어 퇴계를 한 사람의 문우文友로 만난다.

퇴계의 묘 바로 아래 선생의 맏며느리 금씨부인琴氏夫人의 무덤이 있다. 나는 묘 앞에 머리 조아리며 선생의 인간적인 따뜻한 숨결을 엿본다. 당시 세도가였던 금 씨의 집안에서 퇴계를 사돈으로 맞이한다. 퇴계가 금 씨 집안에 방문했을 때, 가세가 빈한한 선생이 앉았던 자리를 미천하다 하여 물로 씻어내고 대패로 밀어냈다고 한다. 그 수모를 탓하지 않고, 혹시 며느리가 민망해하기라도 할까 봐 며느리에게 더욱 따뜻하게 대해주어 사후에도 시아버님을 정성껏 모시고 있다. 효부孝婦는 태어나는 것이 아니라 부모가 만드는 것이리라.

3. 종택과 종손들의 근황

바닷가에 사는 것이 강가에 사는 것만 못하고, 강가에 사는 것이 시냇가에 사는 것만 못하다고 했다. 퇴계는 말년에 고향 시냇가에 한서암寒棲菴이라는 작은 집을 짓고 후학들과 함께 학문에 몰두하셨다. 그러나 일제강점기를 거치면서 일본인들이 조선의 정신적 지주 역할을 하는 퇴계종택宗宅을 불 질러 버렸다. 지금 종택은 80여 년 전, 13대 종손이 지은 것으로 솟을대문과 ㅁ자형 정침이 있는 추월한수정秋月寒水亭으로 이루어졌다.

15대손인 이동은 옹翁(1909년 기유생)과 16대손 이근필 선생(1932년 임신년), 17대손인 이치억씨(1975년 을유년)와 종손 손부인 이주현씨 부부가 아들 이이석(2007년 정해생)을 낳아 4대가 한 집안에서 살고 있다. 세속을 버리고 은사隱士답게 조용하게 살다 간 퇴계의 모습인가. 이동은 옹翁은 백수를 넘긴 자태가 학같이 고우시다.

　1998년도에 '부산퇴계학연구원'의 여성회 일을 맡아 폐백드리러 왔었다며, 내 수필집 《매실의 초례청》을 드렸다. 〈매실의 초례청〉 글 속에 퇴계 선생의 시를 인용하여 '현대수필문학상'의 문운이 스몄다고 말씀드렸더니, 백 세가 넘으신 옹께서는 작은 수첩을 꺼내 화답으로 시 한 수를 읊으신다.

> 금 같은 세월을 100년이나 허비하여 억울한데,
> 내 맘의 부끄러움은 또 한 해를 더하는구나!
> 효도하고 자애하는 덕목을 지금부터 시작하고
> 우리나라 만년을 또 만년을 이어가면 얼마나 좋으리

　꼿꼿하게 앉아 절 받으며 수첩에 손수 적은 작은 글씨를 소리 내어 읽는 모습, 눈 밝고 귀 밝고 청아한 목소리에 마주앉은 내 마음도 정갈해진다. 어른들을 잘 모시는 자손들의 정성이 옹의 모습에서 보인다. 퇴계의 정신을 오롯이 온몸에 담고 계신 옹의 두 손을 꼭 잡고 오래오래 건강하게 장수하시라는 인사를 드리고 방에서 나왔다.

　대청마루에서 차종손 근필 선생이 '造福譽人〔조복예인〕'이라는 휘호를 써 놓고 기다리신다. 성품이 옥같이 맑고 깨끗하여 어느 때고 남에게 흐트러진 모습을 보이는 일이 없었다는 퇴계의 모습, 차종손 어른에게서도 고스란히 배어 나온다. 자연과 혼연일체가 되어 서원의 풍경 속에 그림처럼 자연스럽다.

"퇴계학연구원에서 할아버지를 높여주시는 덕분에 너른 집에서 잘 먹고 잘살고 있어 황송할 따름이다."라고 겸손하게 말씀하신다. 정령, 그렇기만 했을까. 온통 세상은 물질문명으로 첨단을 걷고 있는데, 선비의 정신을 담은 전통가옥에서 가문의 예절을 지키며 백수의 아버님을 모시고, 아들 며느리에게 가르쳐야 하는 책임이 그 얼마나 막중할까. 우리의 무형 유형의 문화를 보존하고 전수하는 삶이 고되고 외로우셨을 텐데도 '신기독愼其獨', 홀로 삼가는 모습이 바로 숭덕崇德이다.

나 혼자 종가 안채로 들어갔다. 부인들이 거처하는 깊은 곳이라 하며 남자분들은 밖에서 기다리셨다. 뜰안에 장 항아리가 종갓집의 위엄을 나타내듯 그득하다. 여염집의 맏며느리만 해도 하늘이 낸다고 하는데, 어찌 퇴계 가문의 종손부로 시집을 왔을까. 내 딸이라도 내 며느리라도 어렵기만 한 자리다. 그 자리를 아는지 모르는지 세 살배기 이석, 종손부 주현 여사, 차종손 근필 선생 삼대의 도란도란 손님맞이 모습이 정겹다.

종택의 종부 역할을 어떻게 다 치러내느냐는 나의 물음에 "퇴계 선생 제사만 크게 지낸다." 다른 제사가 의미가 덜하다는 것은 아니라며, 허세와 낭비를 지양하고자 제관의 수에 맞춰 제수祭需를 마련한다고 했다. "저는 퇴계 종가의 종부라는 막중

한 임무가 있습니다만, 그 일만큼 중요한 것이 육아입니다." "아이 때문이 아니라면 집안 대소사나 제사에 다 참석을 합니다."라고 하는 말 속에는 종손부의 굳건한 의지와 부덕婦德이 배어 나온다.

"할아버지와 아버님이 잘해 주시고, 서울에서 공부하는 남편 역시 많은 것을 가르쳐 준다."라고 차근차근 말한다. 이제 서른 남짓한 나이이다. 시어머님이 안 계신 큰살림을 살며 방문객들의 접빈례接賓禮와 두 어른을 조석으로 모시고 있다. "저에게는 네 분의 고모님들과 작은어머님이 계시는데, 그분들께서 큰 힘이 되어 주십니다. 말씀 한마디 행동 하나라도 틀림이 없는 훌륭한 분들이라 잘 받들어 배우고 있습니다." 그래도 친정 어머님은 걱정이 많으시겠다고 하니 "제가 큰일을 잘해낼지 늘 걱정하신다."라며 손으로 입을 가리며 웃는다. 해맑게 웃는 모습에 오히려 내 마음이 애잔하다. 아린 상처이기보다는 저린 감동이다. 이 글을 쓰면서 퇴계 선생 종손부와의 소통이 내겐 어느 꽃보다 향기롭다. 그 모습을 보는 것만으로도 큰 배움을 얻는다.

해는 뉘엿뉘엿 지고 팔순이 다 되어가는 차종손 어른이 차 타는 곳까지 나와 우리 일행을 배웅하신다. 남녀가 유별하여 지엄한 곳, 성별이 무슨 장벽인가. 언제 내가 다시 이분들을 찾아 뵐 것인가. 나는 차종손을 두 팔로 꼬옥 부둥켜안았다.

퇴계 선생의 태실胎室을 돌아 나오는 길, 어디 그곳이 퇴계 종손들만의 고향이며 종손들만의 조상이기만 할까. 그분들이 생활하는 모습에서 극기복례克己復禮, 즉 사욕私慾을 누르고 예절禮節을 좇게 하는 정신을 담는다.

　매화향 따로 있으랴. 이번 탐방으로 가슴에 품은 유학의 씨앗이 튼실하게 발아하여 만방으로 퍼져 나가기를 기원해 본다.

― 2009년 부산퇴계학연구원

선상 문학

　수필 등단 소식을 전하자 남편은 기다리고 있었던 듯, 장르를 바꾸라고 말한다. '해양' 쪽으로 나가란다. 그러나 내가 바다에 대해 무엇을 안다고 해양 운운하겠는가. 본래부터 광활함에 주눅이 들어 바다는 고사하고 하늘도 제대로 바라보지 못한다.
　항구도시에서 태어난 그는 대범하다. 자잘한 일상보다는 대의를 먼저 본다. 그는 사는 데 별로 걱정거리가 없다. 시간이 지나면, 자고 일어나면 해결될 것이라며 우선 코부터 고는 만사태평형이다. 망망대해에 그림자 없이 쏟아지는 햇볕의 강렬함이 어울리는 사람이다. 그는 먼바다로 나가려고 늘 돛대를 세운다.
　산촌 태생인 나는 햇살 받아 아지랑이 피어오르는 흙이 좋다. 산 그림자가 비껴갈 때 작은 동산에 핀 진달래와 산수유 꽃은 등불을 켜 놓은 듯 따뜻하게 보인다. 툇마루에 공책만 한

석양도 아까워 빛을 쫓아 몸을 옮긴다. 울타리 밑에 쪼그리고 앉아 흙장난하면서도 잠시 지나가는 조각보만큼의 해를 그리워한다.

그와 나는 다르다. 그는 의기투합한 이들과 파도를 가르며 항해하듯 살기를 바라고, 나는 한적한 오솔길로 산책하듯 조붓하게 살기를 바란다. 한집에서 살고 한방에서 잠을 자지만, 추구하는 삶도 만나는 사람도 여가를 즐기는 장소도 방법도 다 다르다.

부부는 살아가면서 서로 닮아간다고 하던가. 얼굴도 성격도 취향까지도. 한솥밥이 주는 힘이다. 그래서인지 해로하는 부부들을 보면 오순도순 꼭 오누이 같다. 함께 살면서 같은 일을 두고 영역 다툼이 없으니 일심동체가 되는 게 아닐까. 나도 "그대가 옆에 있어도 그립다"는 문구처럼 남편과 비슷하게 맞추고 싶다.

각자 다른 취미로 살다 뒤늦게 함께 난蘭을 치는 고상한 사람이 있는가 하면, 활동적인 사람들은 등산이나 스포츠댄스를 같이한다. 그런 이들이 좋아 보이는지 남편은 같이 바다에 나가 배를 타자고 말한다. 그는 오래전부터 동호인 요트클럽에서 배를 탄다. 햇빛을 둘러댔더니 선글라스를 사 오고 추워서 못 탄다고 하면 방한복을 사 온다. 그즈음에는 정서情緖의 차이를 들먹였다.

산촌은 춘하추동이 분명하다. 봄이면 어김없이 버드나무에 물오르고 산과 들에는 꽃이 핀다. 일부러 찾아 나서지 않아도 계절의 변화에 순응하며 살아진다. 나는 낙엽이 지는 가을이 오면, 산골짝의 다람쥐처럼 도토리 점심을 가지고 양지바른 곳으로 소풍이나 즐길 요량이다.

바다는 모른다. 늘 같은 수평선에 같은 물빛처럼 보인다. 한참 쳐다보고 있으면 물속 깊이 빠져들 것 같기도 하고, 넓고 넓은 바닷가에 클레멘타인Clementine♪처럼 무료한 삶을 참지 못하고 집을 나갈 것만 같아 겁이 난다. 남편은 말한다. 바다도 사계가 분명하다고. 바람을 느끼지 못하기 때문이라며 바다에 나가 거센 바람을 맞으며 파도를 갈라봐야 역동적인 계절이 보인다고 한다.

아무리 달콤하게 꼬드겨도 바다는 낯설다. 더구나 글벗 중에 원양 선을 타는 남편을 둔 문우가 있다. 그녀가 남편을 등장인물로 이미 해양 쪽은 꽉 잡고 있다고 말했더니, 그 친구에게 먼 바다의 '원양遠洋문학'은 맡기란다.

남편은 나를 바다로 유인하기 위해 여러 가지 방법을 찾는다. 새해 해맞이를 하러 첫새벽에 오륙도를 향해 뱃머리를 돌리기도 하고, 스릴을 만끽하라며 큰바람 앞에 배를 사선으로 기울게도 한다.

어느 날 오후, 선상독서회를 하라며 바다에 배를 띄웠다. 선들선들한 바람, 산 하나를 다 가릴 것 같은 다홍빛 석양에 반사되는 대마도 쪽의 구름 빛깔, 어둠을 맞이하는 광안대교의 네온사인, 해운대 마린시티의 불빛…. 너울너울 파도에 의지해 물살을 가르는 기분이 마음마저 넘실댔다. 아마 바다의 풍광보다는 벗들에게 취했을 것이다.

남편이 작은 돛단배라도 소유할 수 있을 때, 나는 그의 곁에서 표표히 나부끼는 돛의 펄럭임을 즐겨보리라. 파도의 물거품처럼 바다 빛깔을 닮은 언어들로 원고지를 메울 수 있지 않을까. 우리 부부가 무엇인가를 위해 바쁘게 뛰어다니지 않아도 집안이 잘 돌아가는 그때쯤이라면, 내 기꺼이 달빛 어리는 바닷물을 툭툭 치며 운치를 누릴 것이라는 말미를 두었다.

"바로 그거야! 달빛 바다로 나가는 배는 그때 가서 타고, 우선 밤 배(腹)를 같이 타자는 말이지. 우린 선상 문학(?) 쪽으로 장르를 바꾸자고."

그로부터 강산이 두 번이나 바뀌었다. 아직도 나의 남편은, 내 주위를 맴돌며 지극정성으로 노래한다. 그대는 내 사랑, 아직도 배 위의 사랑 타령을!

가까이하기엔 너무나 먼 당신

K 선생은 느닷없이 퇴직하겠다고 나선다. 아직 정년이 몇 년이나 남았다. 그동안 다니던 직장이 적성에 맞지 않는다고 한다. 어제는 저것 하겠다 해 놓고, 오늘은 또 이것 한다고 '카더라'통신이다. 가슴을 펑 뚫고 싶다. 강원도 봉평으로 차를 몰았다. 고속도로를 쌩쌩 달렸다. 운전하면서 K 선생에게 냅다 소리를 질렀다.
"어리광 좀 그만 부리세요."
"농사~'나', 농사를 지으시겠다?"
'농사'는 전문직이다. 샌님이 뭘 할 줄 알아서 지게를 지어봤나, 두엄을 날라봤나. 가래를 알아, 써레를 알아. 힘이 온전한 것 같아도 50세이면 50%밖에 남아 있지 않다. 사실 K 선생은 파하고 보리도 구분할 줄 모르는 전형적인 도시 사람인 숙맥이다. 씨 뿌리고 거두는 철을 모르니 당연히 철부지節不知. 농사란 열흘만 한눈팔면 논밭이 온통 풀숲이라고 엄포를 쏘니 그럼 과수 농사를 짓겠단다. "당신이 복숭아꽃을 알아요, 살구 꽃을 알아요?" 다그치니, 그런 건 문학 하는 사람들끼리 꽃 타 령이지, 봄에 꽃 피면 열매는 맺게 되어 있다고 반박한다. 팔랑 팔랑 K 선생은 팔랑귀가 되어버렸다.

생각할수록 약이 오른다. 혼자 잘할 수 있다고 큰소리치지만, 한 달 두 달은 해방이 홀가분할 수 있다. 가족이 찾아가지 않으면 나중에 앉을 자리는 고사하고 설 자리도 없을 것이다. 그에게는 송곳 꽂을 땅도 없다. 선산이 있어 고향에 묻힐래, 어머니가 계셔 봉양한답시고 곁에서 밥술이나 얻어먹을래! 퍼부었지만, 사실은 나 자신에게 화가 나는 것이다. 나는 아직, 구체적으로 은퇴를 준비하지 못했다.

반쯤 풀린 퀭한 눈길로 컴퓨터 앞에서 배가 고픈지 아내가 고픈지, 문지기의 애달픈 시선이 부담스럽다. "젊은 남자하고 살아 너는 좋겠다." 친구들이 나에게 하던 말이다. 여자의 치마폭이 아무리 넓다 한들 나는 남편의 누이도 어미도 아니다.

운전석 앞 와이퍼가 빠르게 움직인다. 내 마음을 대신해서 비가 퍼붓는다. 라디오에서 "아무래도 난 떠나가야겠어~♪" 〈서울 이곳은〉이라는 노래가 흘러나온다. K 선생은 고향에서만 살아왔다. 낯선 땅, 낯선 사람들 속에서 버텨 사는 사람들의 심정을 모른다. 나는 삼십 년 전에 원앙금침을 싣고 따뜻한 남쪽 지방 부산에 왔지만, 시집 동네라는 곳이 목화솜처럼 푸근하고 따뜻한 곳은 결코 아니다. 여태까지 살아오면서 내색은 안 했어도, 때론 나도 부모 형제 친구들과 지내던 고향이 그립다.

　K 선생은 희망의 나라로 노를 젓고 있다. 지금 그의 배는 만선이다. 무게중심이 균형감각을 지키지 못하면 침몰한다. 오늘은 남해로 떠났다. 무너졌던 창선다리 밑에서 〈홀로 아리랑〉을 부르는 옛친구와 〈무너진 사랑탑〉을 부르고 있을 것이다. K 선생, 그가 인생의 기초를 세우던 서른 즈음에는 잃을 것이 없었다. 빈 배에 근육과 의욕이 충만한 시절이었으니 믿어든 조기든 희망을 건져 올릴 수가 있었다. 지금 이순耳順을 바라보는 그는 뱃살이 두둑하고, 머리카락은 엉성하며 팔뚝과 정강이는 마른 장작과 같다. 인생은 공수래공수거空手來空手去라고 하지만, 어찌 일부러 순항하는 배를 뒤집으려 할까.

　배 이야기를 하니 어느 분이 쿠루즈 타고 세계여행 떠나느냐고 묻는다. 크루즈가 아니고 뗏목을 타고 떠나자고 한다. 내가 왜? 무슨 죄를 지었다고 천형을 받을까. 천지 사방 아무도 없는 망망대해에서 양푼이 하나에 숟가락 두 개로 거센 파도에 노를 젓겠는가. 펄쩍 뛰는 나의 반응에 K 선생은 오히려 사랑이 식었다고 서운해하는 기색이다. 나는 이제 사랑의 독毒을 마시는 청춘의 줄리엣이 아니다. 낭만으로만 '노인과 바다'를 꿈꿀 수 없다. 장작불에 활활 잘 태워진 열정의 몸뚱어리도 아닌데…, 내 어찌 스스로 수장水葬을 택할까.

이제 우리 부부가 할 일은 스스로 복지선택을 잘하여 평화롭게 노니는 일이다. 아이들 앞에서 석양에 나란히 손잡고 걷는 모습이다. 물건을 소유하는 것처럼 인간을 소유할 수는 없다. 가만히 보니 세상 사람들로부터 나를 빼돌리자는 심산이다. 단언컨대, 나는 K 선생 그대가 질투할 만한 여자가 아니다. 가장이라는 대들보가 흔들리면, 주춧돌인들 온전하게 제자리를 지킬까. 다 제 살 궁리에 기둥뿌리 서까래도 삐걱거린다.

　공자께서 "여자와 소인은 가까이하면 공손하지 않고 멀리하면 원망한다."라고 말했다. 일본 영화감독 다케시는 "가족은 아무도 보는 사람이 없으면 갖다 버리고 싶은 존재"라고도 했다. 한집안의 가장에게 아내와 아이가 얼마나 부담스러운 존재인가 짐작하게 하는 말이다. 현직에 있는 사람이 그럴진대, 퇴직 후 남자들은 잔소리하는 아내에게 "이쯤에서 차라리 죽어줬으면 좋겠다."라고 한단다. 애석하게도 나는 요절할 나이는 이미 지났다. 그렇지만 어중간한 나이에 명예퇴직하는 남편을 위하여 죽어줄 수도 없지 않은가.

　이쯤에서 나도 K 선생처럼 '적성'을 찾고 싶다. 나의 남편은 내가 글 쓰는 것을 그다지 달갑게 여기지 않는다. 더구나 큰 이름《논어》라니 미리 걱정이다. "제발~."《논어》로 수필을 쓰지 말라고 말린다. 차라리 논어설명서를 써 책을 팔라고 종용한다. 설명서 책은 이미 서점에 많다. 그리고 학술 서적은 박학

한 학자들께서 쓰실 일이다. 돈을 벌려면 진작 장사했을 것이다. 지나치게 솔직하여 부담스러운 글을 누가 읽겠느냐며 남편은 나무란다. 내가 내 적성대로 글을 쓰겠다는데 무슨 상관이란 말인가.

훗날, 그녀가 신고 다녔던 '댓돌 위의 하얀 고무신' 위로 햇볕이나 담뿍 스며들었으면 좋겠다.

지나가는 바람이 소곤거린다.

"그래~~?"

"그랬대…!"

"그 여자, 뭐 하던 여자야?"

"아마, 글 쓰는 여자였다나 봐!"

불꽃, 지르다

"사랑의 시작은 고백입니다." 불꽃 축제의 로고다.

매년 10월에 열린다. 2005년 부산 해운대 누리마루 APEC 정상회담 경축 행사로 시작한 광안리 바다 '불꽃 축제'는 불꽃뿐만 아니라, '멀티미디어 해상 쇼' 레이저 쇼 등 테마에 맞춰 음악과 함께 스토리텔링이 있다. 해마다 100만 명 이상의 관람객이 곳곳에서 온다. 지난해에는 'ㅡ'자형에서 'U'자형으로 확대하여 이기대, 해운대, 동백섬 일대에서 동시다발로 해상에서 불꽃을 쏴 올렸다. 그래서 중요한 건, 나는 누구에게 사랑을 고백했을까?

"산 너머 남촌에는 누가 살길래♬"를 그리워하던 소녀는 밤하늘의 별빛을 바라보며 더 넓은 은하수銀河水를 꿈꿨다. 그런데 남쪽에서 유학 온 남학생이 축구공을 발로 차면 바다로 떨어진다며 꼬드겼다. 천상의 선남선녀 '남남북녀'의 만남이다. 나는 사랑의 깊은 바다에 풍덩 빠졌다. 내 인생의 발화점이다. 물과 불의 만남, 냉정과 열정의 환상적인 궁합 아닌가. "나, 부산에 산다."라고 말하는 순간, 사람들의 눈빛이 반짝인다.

제아무리 불꽃이 아름답다 한들 사람만 하겠는가. 순간의 빛이다. 그 순간은 부싯돌 같다. 잉걸불처럼 원 없이 활활 태우며 살 수 있으면 좋으련만, 나는 무엇이 그리도 두려운지 늘 불어리를 친다. 때가 되면 저절로 사위어 가는 것이 세월이건만, 밤낮 몸 사리다 해 지고 달 뜬다. 밤바다에서 등대의 불빛을 찾는 것처럼, 언젠가 내 인생에도 불꽃 한번 질러야지…. 해마다 불꽃 축제를 기다리는 이유다.

광안리 앞바다가 '광란'의 도가니가 되는 날, 현장의 불꽃은 극치다. 스페인의 발렌시아 지역의 '파야스 불꽃 축제'를 본 적이 있다. 그 지역은 불꽃축제로 혁신적인 도시로 도약했다. 우리나라 부산 바닷가도 스페인 못지않은 또는 이탈리아 베네치아 못지않은 첨단이 공존한다. 오륙도에서 이기대, 이기대에서 해운대로 해안선을 따라 걷는 갈맷길이 그렇다. 우아한 요트와 파도 모양으로 건축된 마린시티의 고층빌딩들. 계절을 막론하고 수영, 서핑, 요트대회, 수상스키, 크루즈 등의 레저 활동과 영화의 거리, 미술관, 실내외가 근사한 카페와 맛집이 활어처럼 역동적이다.

나는 이곳에서 '일상을 여행처럼' 살고 있다. 나의 짝지는 34

년 공직생활을 마감하고, 다시 바다로 돌아왔다. '파도야, 어쩌란 말이냐! 파도야 나 어쩌란 말이냐? 임은 물같이 까딱 않는데, 어쩌란 말이냐.' 그는 요즘 나이도 잊은 채 심하게 출렁인다. 누구를 위하여 종을 울리려는지 돛대를 곧추세웠다. 풀꽃처럼 여린 그녀는 이제 더는 그의 거센 바람을 막지 못한다.

그동안 부부는 바다에서 서핑 사진을 찍는 포토그래퍼 Photographer와 파도를 가르며 경기하는 요트선수를 생산했다. '바다와 하늘'의 만남으로 맺어진 커플에게서 바하와 로하도 태어났다.

인생은 아름답다. 그러나 골짜기 없는 산이 어디 있고, 바람 없는 바다가 어디 있을까. 때론 태풍도 해일도 굴곡지게 겪었다. 혼자 혹은 둘이 타는 쪽배에서 차가운 바닷바람과 사투를 벌이며 세일링sailing 하다가 캡사이즈capsize 되는 날도 많았고, 〈그리고 나는 바다로 갔다〉를 찍느라 깊은 물 속에서 카메라 셔터를 누르다가 밧줄에 걸려 손가락이 빠지고, 페달을 밟느라 발목의 복사뼈를 철로 바꿔 끼웠다. 아이들이 하는 일은 풍류가 아니다. 목란나무 상앗대로 달빛을 가르며 〈적벽부〉를 읊는 낭만적인 뱃놀이와는 다르다. 깊은 바닷물에 발을 담가야만 녹錄이 얻어지는 생업이다.

불꽃 같은 열정과 거센 물결이 없었다면 도저히 해낼 수 없는 일들이다. 오로지 고요하게 지켜야 하는 것은 어미의 마음,

파고波高의 높이를 조율하여 삶을 순풍으로 연주해야 한다. 파도는 사계절의 출렁임이요, 불꽃은 순간의 섬광이다. 그 활화산 같은 에너지의 분출을 위하여 두 손 모은다. 나에게 불꽃 축제는 기도다. 고요한 어둠이 배경이 되어야 그들이 제 빛깔을 뿜어낼 수 있다.

"도가 이루어지지 않으니, 뗏목을 타고 바다로 떠날까 보다. 나와 함께 떠날 자는 아마도 자로밖에 없을 것이다." 자로가 이 말을 듣고 기뻐했다. 그러자 공자께서 "용기는 나보다 나으나 재목으로 취할 수는 없는 인물이다."

세상 돌아가는 꼴이 어수선하다는 말씀이다. 곧이곧대로 들은 제자는 자신이 뽑혔나 싶어 우쭐한다. 이토록 자로는 단순하다. 그런데 요즘 나는 단순한 매력에 빠져있다. 어떠한 상황에서도 '내 편'이 되어주는 한결같은 사람. 나는 가족에게 자로와 같은 사람이 되고 싶다.

나는 오랫동안 몸으로 먹고사는 숭고함을 경시했었다. 달빛을 배경 삼아 장독대에 정화수 한 사발 올리듯, 마린시티 창가에 차 한 잔 놓고 연필 춤을 춘다. 이참에 아예 《노인과 바다》의 헤밍웨이 후예를 꿈꿔 본다.

우리 집 남자들은 바다에서 일한다. 팡, 팡, 팡파르fanfare

내지르는 불꽃을 바라보며 고백한다. "사랑합니다, 무조건" 그렇다. 현재는 연료가 아니라 한바탕 불꽃이다.

나도야 선수

요트 계류장으로 들어서려는데, 위험 막대기를 든 관리원이 "관계자 외 출입금지"라며 막는다. 아마 여자인 내가 선수 같이 보이지 않았던 모양이다. 나의 남편, 순간 유머가 발동했다. "우리, 어젯밤에 관계하고 왔는데요." 졸지에 관계자가 되어 통과했다.

요트 경기는 일자一字 또는 삼각 코스다. 마치 어린아이들이 동네 한 바퀴를 누가 누가 빨리 돌아오나 하는 내기와 같다. 프로 선수들은 보통 일주일 정도 시합을 하는데, 동호인대회는 하루나 이틀 정도로 짧다.

'여수 엑스포 컵 요트대회 2012년'(YEOSU EXPO CUP INTERNATIONAL YACHT RACE)에 출전한 우리 부산 수영만 팀의 배 이름은 'BIBARE'다. 비바리는 '아름다운 아가씨'라는 뜻이다. 내가 타서 배 이름이 갑자기 비바리로 바뀐 것은 아니다. 태풍

이름처럼 부드러운 여성 이름을 붙이는 것이 바닷사람들의 관습이다. 거센 파도를 잠재울 비바리 선수들의 유니폼은 바다 빛깔과 잘 어울리는 노란색이다. 출항 준비로 바쁜 중에도 취재진의 카메라가 다가오면, 자동으로 손을 들어 환영해 준다.

  우리 팀 선수 여덟 명은 각자 위치에서 역할분담을 하고 '경기 수역'으로 나갔다. 맑은 하늘 아래 바람에 펄럭이는 세일sail 소리가 바다에 가득하다. 유일한 여자, 내 위치는 오른쪽 뒷부분 안전석이다. 여차! 기울면 번개처럼 재빠르게 왼쪽으로 옮겨가 무게 중심을 잡는 밸런스맨balance man이다. 돌산 앞 바다에 32척의 각양각색 배들이 속속 모여들기 시작했다. 멀리 경기 운영 정에서 경적과 동시에 스타트 깃발이 올라갔다. 경기 시작!

  푸른 물살을 가르며 출발! 마음속에서 둥둥 북을 치니 파도가 덩달아 넘실댄다. "*태킹tacking 준비!" "태킹!" 바람을 거슬러 방향을 바꿔야 하는 순간이다. 배는 크게 방향이 바뀌며 반대편으로 엎어질 듯 사선으로 기운다. 이때 줄을 붙잡은 사람만 빼고 파도가 삽시간에 배 위의 물건들을 싹 쓸어 가기도 한다. 의욕만 앞서다가는 넘어오는 붐boom*대에 맞아 사람도 바다로 튕겨 나갈 수 있다.

  팽팽한 줄들이 얼마만큼 빠른 속도로 풀리고 감기느냐에 따라, 배의 속력이 달라진다. 자칫, 줄이 다리나 팔목에 얽히고설

켰다가는 생명 줄도 엮어가니, 쏜살같이 움직이는 줄에 혼을 빼앗겨서는 안 된다. 쾌속으로 스쳐 지나가는 배들의 움직임도 살펴야 한다. 시선을 너무 멀리 두었다가 위급하게 소리쳐 봤자, 파도가 선수들의 목소리를 꿀꺽 삼킨다.

"따따따 딱!" 찰나라는 것이 이런 것일까. 이미 초록색 뱃머리가 비바리의 옆구리를 들이받았다. 간혹 있을 수 있는 접촉 사고다. 순간, 우리 일행은 내가 앉은 위치를 바라봤다. 나는 숨이 멎는 그 상황 속에서, 사고현장을 카메라에 담고 있었다. 천지 분간을 모르는 나에게 엄지손가락을 치켜들고 모두 안심하는 사인들을 보내왔다.

"와봐, 와봐! 가까이 와봐!" 우리가 권리 정이다. 너희가 진로를 방해했다. 너희 잘못을 인정하지? 소리소리 질러봤자 "No problem" 노~프라범이라고 어깨 으쓱대며 외치는 팀은 러시아 선수들이다. 경기 중에 바다에서 싸우는 일은 해적들이나 하는 짓거리다. 경기가 다 끝나고 육상본부에 가서 정식으로 항의서를 제출해야만 한다. 분발하는 분위기는 이렇게 후다닥 긴박한 순간에 돛대 높이만큼 상승한다. 수평의 바다가 수직으로 치솟는 묘미다. 바다는 한없이 넓은 것 같아도 좁은 경기 수역 안에서 바람의 방향에 따라 뱃길은 순식간에 바뀐다. 그 길을 잘 찾는 것이 선수의 기술이다.

바람이 잦아들어 한산한 시간, 보도 카메라들이 사진 찍기에 좋은 풍경이다. 그림 좋다고 마음마저 한가로운가. 요트는 순전히 바람으로만 가야 하니, 무작정 바람을 기다리면서 떠 있을 수밖에 도리가 없다. 멀리서 바라보면 유유자적 백조처럼 우아하지만, 선수들의 눈, 귀, 입, 손발과 정신은 금방 잡힌 물고기들처럼 파닥인다. 출전한 선수들의 기氣 싸움은 형형색색 돛의 빛깔 속에 다 있다. 인생이 그렇듯, 방심하기 쉬운 한가함을 잘 다스려야 한다. 자연 앞에 순응하는 것이다. 바람이 닥쳐올 때보다 대책 없이 숨죽어 있을 때가 위험하다. 정중동靜中動이다. 만나는 배마다 서로 손을 흔들며 "우승하세요." 매너 있게 덕담도 건네지만, 어림없는 소리. 우리보다 먼저 들어가면 "알지?" 하는 엄포의 사격이다. 총부리처럼 승부의 세계는 냉철하다.

  돌산 샛바람이 앙칼지다. 속도감이 칼날처럼 무섭다. 경기의 순간은 돛이나 나부끼는 뱃놀이가 아니다. 바람이 좋으면 하루에도 몇 차례의 레이스를 펼치기도 한다. 두 번째 레이스에서 "스타트는 1등을 했는데…" 아쉬운 탄식의 소리가 들린다. 어찌 인생의 항로에 순풍만 있을까.

  풍상으로 부표를 향하여 거슬러 올라가는 바닷길, 힘만으로는 과격하다. 비바리 여사의 부드러움이 합해져야 유연하게 돌아 나올 수 있다. 드디어 우리 배도 마지막 부표에 도착했다. "뿌우앙~, 피니시." 돛을 내렸다. "짝짝, 짝짝짝!" 오늘 경기 끝. 마치 "큐 – 액션 – 엔딩!" 사인에 맞춰 다이내믹 단편 영화 한 편 찍은 기분이다.

배 바닥에 밧줄들의 움직임도 멈췄다. 바람 방향과 속도에 따라 풀고 감던 밧줄은, 우리의 정신 줄이었다. 어쩌면 뱃머리의 방향을 정하는 스키퍼skipper보다 구석구석에서 자신의 역할에 충실했던 쿠루crew들의 움직임이, 배를 움직이는 원동력이었을지도 모른다. 한바탕 폭풍이 지나간 듯 평온이 봄 햇살처럼 나른하다.

서당 개 삼 년이면 풍월을 읊는다더니, 바다를 좋아하는 남편의 아내로서, 아예 선수로 뛰었다. 삼면이 바다인 우리나라, 땅은 좁고 바다는 넓고, 조선 산업 상위 국가답게 우리 가족은 해양스포츠 선진국을 꿈꾼다.

레이스를 하는 동안, 내내 신바람이 불었다. 경기가 끝나고 회식 자리, 경기 수역 안내도를 보며 순간순간의 위험했던 코스들을 짚어보는데, 뒤늦게 회오리바람이 분다. 하룻강아지 범 무서운 줄 모른다더니, 나는 위험 속에서 혼자 연방 'V'자를 그었다.

'비바리 종합성적, 21등. 등수가 무슨 상관이랴. 오직 바다를 사랑하는 열정, 열정 하나만으로 바다에 매료된 뱃사람들이다. 우리는 한배를 탔다. 동호인이란 한배에서 함께 나눈 고락에 박수를 보낼 뿐이다. 비바리팀, 파이팅!

순풍에 돛 단 듯이.

---

* 태킹tacking: 돛을 좌현에서 우현, 또는 바람이 불어오는 반대쪽으로 범선을 돌리는 일.
* 붐boom: 돛대에 연결된 돛을 펼치는 긴 수평대.

2부
적자생존, 찍자생존

감성, U턴하다
미끼
몽마르트르를 탐하다
적자생존, 찍자생존
파리지앵pərízən, 이 남자
파리지엔느Parisienne, 이 여자
마담, 모르쇠
모딜리아니
오캄
부사니

감성, U턴하다

 '앤셜리호'를 타고 책 속의 여행을 떠난다. 초록빛 나무들과 잘 익은 과일들이 있는 마을의 오솔길, 캐나다 세인트 프린스 에드워드 섬. 그곳에서 "주근깨 빼빼 마른 빨강머리앤, 예쁘지는 않지만 사랑스러워♬" 앤의 노랫소리가 들린다.

 어릴 때, 빨간 머리 앤에게 한 번 정도 빠지지 않고 자라난 여자아이들이 있을까. 책을 읽다가 문을 열어놓고 자면 앤이 문 밖에서 자꾸 기웃거린다. 밖으로 나와 물 한잔을 마시고 들어가면 앤은 문 앞에서 또 재잘거리며 채근한다. 때론 말이 너무 많아 멀미가 날 지경이다. 하지만 앤의 감성에 감염되면 이튿날 아침 늦잠을 자야만 했다.

 《ANNE》의 작가 루시 모드 몽고메리(1874-1942), 그녀 또한 소설 속의 주인공인 앤과 마찬가지로 부모의 사랑을 받지 못하고 자라난다. 고지식하고 급한 성격의 외할아버지와 감수성이라곤 없는 외할머니의 손에서 가난한 어린 시절을 보낸다.

어른이 되고 나서 루시 모드는 이런 허세를 그린게이블즈 '빨강 머리 앤'으로 그려낸다. 앤은 모드의 자전적 소설일 수밖에 없다. 캐나다의 애번리 마을에서 매슈와 그의 누이 마릴라가 농사일을 위해 사내아이를 입양하기로 하지만, 착오가 생겨 여자아이가 오게 된다. 빨강 머리 앤은 수다쟁이에다가 엉뚱한 상상을 즐기는 천진난만한 소녀. 낯선 환경에서도 특유의 밝은 성격으로 적응해 간다.

앤은 연필을 깎기도 하고 책상 속의 그림카드를 정리하기도 하면서 꽃처럼 피어났다. 매슈는 앤이 무슨 말을 하든 "그럴 테지."라고 들어줌으로써 앤의 상상력을 도와준다. 마릴러는 앤이 늘 작은 공작새처럼 으스댄다며, 언제나 변함없이 아무 장식도 없는 수수한 옷을 만들어 입힌다. "그 이야기인지 뭔지를 쓴다는 것만큼 쓸데없는 일은 없을 게다. 책을 읽는 것만도 시간을 많이 잡아먹는데, 쓰기까지 하다니…" 마릴러는 앤의 상상력을 곳곳에서 가로막으며 물질이든 정신이든 허영에 들뜨지 않도록 이끌어 준다.

마릴러의 목소리가 꼭 지금의 내게 하는 말처럼 와닿는다. 나는 글은 쓸수록 감성이 풍부해질 줄 알았다. 그러나 날이 갈수록 감성이 마른 표고버섯처럼 쩍쩍 갈라지는 것을 느낀다. 마음이 건조하니 곁에 있는 가족들의 마음마저 긁을 때가 많다.

지켜보던 남편도 마음이 편안하지 않았던지 무거운 택배로 선물을 보내왔다. 빨강 머리《ANNE》앤이다. 아내에게 주는 선물치고는 장난스럽다. 마음이 봄물처럼 촉촉하게 차오르는데 큰아이는 덩달아 "어! 누가 엄마 캐릭터를 보내왔어요?" 한술 더 뜨며 부추긴다.

《ANNE》을 읽는 동안 내내 행복했다. 우리가 애니메이션 동화로 아는 내용은 각 권 오백 쪽 분량의 10권 시리즈 가운데 제1권이다. 루시 모드는 다른 이들의 인생을 밝게 그린다. 유년부터 노년에 이르러 영원히 잠드는 순간까지 태양처럼 밝게 비춰주는 사람이 되고 싶어 한다. 루시 모드에게 '글쓰기'란 자신의 마음을 치유하는 수단이다.

나이를 먹었다고 해서 어른이 되는 것은 아니다. 어쩌면 가장 미혹되고 싶은 나이가 사십이 아닌가 싶다.

"나이 사십이 되어도 나쁜 마음이 나타나 보인다면 더 볼 것이 없다."

"나이 사십, 오십이 되어도 무언가 잘한다는 소문이 없다면, 후학들이 두려워할 것이 못 된다."

《論語》에서 두 번 세 번 말하는 '사십이나 오십'이라는 나이의 지칭은 아마도 자신을 뒤돌아볼 수 있는 예시의 숫자일 것이다. 나이를 계절에 비유하자면, 오십은 오월이다. 오월의 꽃은 지난여름에 피었다가 시든 꽃의 넋이라고 한다. 나는 지금,

오월에 머물고 있다. 화양연화 5구간 9번 출구 앞에 서 있다. 멈칫 정신을 차리고 보니, 내려야 할 곳을 놓친 것도 같고, 더 가야 할 것 같기도 하다. 자신의 운명을 아는 나이 '지명知命'의 끝자락 길모퉁이에서 서성인다.

여태까지 나는 내가 잘살고 있다고 생각했었다. 요즘 나는 어설픈 잣대와 저울추를 들이대고 사람들의 장단과 경중을 재고 있는 내 꼴을 본다. 이런 내 모습이 겁이 난다. 나 자신이 나에게서 너무 멀리 왔다는 느낌을 떨쳐버릴 수가 없다.

인동초忍冬草 꽃을 머리에 꽂고 정신을 향기롭게 하고 싶다. 앤처럼 나는 아직도 철이 없는지, 예쁜 원피스를 보면 눈앞에 아른거린다. 흰머리 소녀가 되어서도 제비꽃 풀꽃 반지를 끼고 멜빵이 달린 긴 치마와 소매를 부풀린 흰 블라우스, 그리고 하얀 앞치마 마련에 공을 들인다. 그러나 그 치렁치렁한 치맛자락의 꿈을 언제 제대로 펼칠 것인가. 앤과 같은 긍정적인 상상의 나래를 펴고 싶으나, 이미 머릿속은 칡넝쿨과 등나무로 갈등을 겪고 있다. 레이스 하늘거리는 '풀꽃 소녀'는 어디로 가고 고무줄 바지의 '와락 여사'로 점점 목소리만 크다.

그중 '사람과 사람 사이'의 관계가 어렵다. 남에게는 너그러운 척해도 정작 보잘것없는 내 자존감을 지키려고 바늘귀 구멍만큼의 틈도 주지 않는다. 착해 빠져서 조금 덜떨어진 사람, 조금 모자라는 사람으로 살면 또 어떤가. 이제 더 얻고 더 잃을 것이 무엇인가.

오직, 앤셜리의 감성으로 돌아가고 싶다. 마음의 고향, 그곳이 너무 멀어지기 전에 돌아가자. 지금, 내가 《ANNE》을 읽는 것은 방향 제시 등燈이다. 신호가 깜빡이는 여기가 바로 감성의 U턴 지점이다.

그동안 내가 어줍게 추구하던 허세의 깃발을 내리자. 싱그러운 유월의 숲으로 들어가 앤의 감성으로 낭만을 즐기자. 바람 부는 날 차를 마시고, 비가 오는 날 술 한잔 건배할 수 있는 '풍다우주風茶雨酒'의 벗들과 마주앉고 싶다.

미끼

 소설가 김훈이 자전거에 '風輪풍륜'이라고 쓴 깃발을 꽂고 프랑스 파리 시내를 달리고 있다. 자전거는 혼자 타는 것이다. 그의 옆에 자전거를 타고 뒤따르는 여성이 있다. 그 여성은 도발적으로 보인다. 웹툰 속의 악독한 캐릭터처럼 가죽 재킷에 굽실한 긴 머리카락이 헝클어져 휘날렸다. 눈 주위를 검게 칠한 스모키 화장, 반 장갑 사이로 보이는 긴 손톱, 자전거 손잡이와 카메라 셔터를 누르는 손가락에서 색정이 엿보이는 사진작가다.
 여행프로그램이다. 두 사람의 시선, 몸짓, 대화에 빨려든다. 물론 일부러 연출되었으리라 짐작하면서도 '철컥' 내 마음에 철벽을 쳤다. 방송은 바로 그 긴장감을 노렸을 것이다. 그 정도의 나이, 그 정도의 교양, 그 정도의 체력, 그 정도의 언어소통, 그 정도의 경제력이 보편적이진 않다. 그러나 수신료를 내는 사람들이라면 그 정도의 로맨스는 꿈꿀 수 있잖은가. 방송은 지금 시청률을 겨냥하는 중이다.

그 후, 다시 '박범신의 〈터키 문명〉 기행'을 TV로 보고 있었다. 남편이 옆에서 등장인물에 관심을 보인다. 당연히 그의 옆에도 동행하는 여성이 있다. 커다란 카메라를 손에 들고 사막으로 초원으로 혹은 인파 속에서 속살거리는 모습이 실루엣처럼 따라다닌다. 그런데 예상을 깼다. 이 여성은 시청자들이 방심하기에 딱 맞다. 화장기가 전혀 없이 해맑은 얼굴이다. 여고생 같은 단발머리에 흰색 면 티셔츠, 짧은 데님팬츠가 신선하다. 남편이 무심결에 툭 던지는 한마디 "쟤는 박범신 딸이지?" "무슨?" 말투 걸음걸이 손짓 등이 모두 자연스럽다며, 장면 장면을 줄줄 꿰어 설명한다.

"아니, 컨셉일 거야." 나는 딱 잘라 말했다. 다 끝나고 프로그램에 참여한 이름들이 자막으로 올라가는데, 나레이션 '박범신' 포토그래퍼 '박○○'이라고 나온다. 나의 남편은 '거봐!' 하는 듯이 나를 바라본다. 졌다. 내가 또 진도를 너무 빨리 뺐구나. 순수에 덧칠한 것 같아 오히려 무안했다. 바로 인터넷 검색을 했다. 박범신 박○○을 치니, 테마기행이 줄줄이 뜬다. 그중 "박범신 박○○ 부녀지간 맞나요?"라는 물음에 "아닙니다."라는 답변이 보인다.

누군들 아담과 이브처럼 태초의 역사를 쓰고 싶지 않겠는가.

딸과 같은 소녀와 원초적인 풍경이 되고 싶은 건, 아마 조물주도 꿈꾸는 로망일 것이다. 그곳 낙원에서는 나뭇잎 한 장도 거추장스러울 것이리라.

그렇다면 그와 반대의 상황이 벌어졌다고 가정해 보자. 어미 같은 중년 여성과 아들 같은 소년은 어떠할까. "뭣이라!" 뭐 그리 발끈할 것까지야. 어디까지나 상황 설정을 해보자는 말이다. 마음을 누그러뜨리고 그리스 로마 신화로 떠나 보자. 어떤 나라에 공주가 셋 있었다. 막내가 어찌나 아름다웠던지 사람들은 아프로디테(미와 사랑의 여신)에게 제사 지내는 것도 잊고 막내인 프시케에게만 홀려 있었다. 화가 난 여신은 아들 에로스에게 부탁했다. 프시케에게 사랑의 화살을 한 대 쏘아 사랑에 빠지게 하되, 아주 추악한 인간을 사랑하게 해 달라고. 에로스는 어머니가 당부한 대로 프시케에게 쏠 사랑의 화살을 준비했다. 운명의 여신은 가혹하다. 에로스는 그만 자신의 화살촉에 찔리게 된다. 바로 그 순간, 에로스는 프시케의 아름다움에 넋이 나가고 말았다. 금기는 깨라고 있는 것일까. 먹지 말라는 선악과는 몰래 따먹어야 제맛이다. 궁금증을 이길 수 없었던 프시케는 어느 날 밤중에 등불을 켜고 신랑의 모습을 훔쳐보았다. 신랑은 괴물이 아니라, 금빛 고수머리가 양털같이 보드랍고 이목구비는 눈처럼 하얀 미소년이었다.

남성들만 그런가. 여성들도 에로스를 꿈꾼다. 어느 날, 우리나라 알 만한 중견 여배우가 17세 연하와의 스캔들로 떠들썩했다. 남성들은 "저래도 되는 거야?" 비난의 화살을 쏘고, 나는 손으로 입을 가리며 흥미진진하게 지켜봤다. 기자들이 앞다투어 마이크를 들이밀며 심경을 물었다. 그녀는 활짝 웃으며 "배우가 이 나이에 그런 스캔들로 인터넷 검색 1위라면, 여배우로서 괜찮은 것 아니냐?"며 나머지는 법정에서 밝히겠다고 한다. 그녀의 당당함이 멋져서 나도 마음속으로 큐피드의 화살을 발사했다. 당시 그녀는 법적인 남편도 없었다. 그런데 세상 사람들은 돌을 던진다. 누가 하면 로맨스고 누가 하면 불륜이라더니 '내로남불'이다. 내 남편도 지금 순수한 소녀와의 낭만을 꿈꾸다가 나에게 '딱! 걸렸다.' 그렇다면 내가 신화 속의 소녀가 되자.

　그동안 많은 것을 놓치고 살았다. '비와 바람과 태양이 빚어낸 것'은 터키의 유적지만이 아니다. 신화는 신화일 뿐, 신전의 돌멩이는 돌멩이일 뿐. 내가 다음 생에 다시 사람으로 태어난다는 보장도 없다. 더구나 여자를 꿈꾸다니 부질없다. 인생은 단 한 번뿐인 실전이다. 어느 노장 여배우는 TV에 나와 15분이 아까운 여생이라고 말한다. 나는 아직 하루가 아까운 나이다. 이 소중한 일상을 날마다 습관적인 부부로 살 수는 없다. 이쯤에서 하루하루 로맨틱하게 동행하고 싶다. 나는 남편에게 어떤 미끼를 던질까. "어이, 흰머리 소녀! 정신 차리시게." 흰머리 소년의 어깨에 불똥이나 떨어뜨리지 말지어다.
'미끼'라는 제목을 '객기'로 풀고 있다.

몽마르트르를 탐하다

 마을버스 운전기사가 뛰어내렸다. "야! 이 새끼야, 죽을래?" 차를 가로막고 남편이 앉아있는 운전석 쪽으로 대뜸 달려든다.
 '군자대로행君子大路行'이라는 말이 있다. 군자는 전쟁에도 좁은 길이나 지름길을 택하지 않는다고 했다. 남편은 조금 전에도 노선버스들이 다니는 멀쩡한 대로를 놔두고 갑자기 좁은 뒷길로 들어왔다. 뒤에서 다급하게 "빵빵" 소리가 들렸다.
 자주 있는 일이다. 조금 멀리 나갈라치면 언제나 차가 출발하기 전 첫째, 좁은 골목길로 안 들어가기. 둘째, 찻길에서 시비 안 붙기. 셋째, 과속하지 않기 등등 선서를 시킨다. 나오기 전, 잠시 방심했었다.
 그는 오늘도 도로에서 죽일래, 살릴래, 생사生死의 갈림길에 서 있다. 한낱 인간이 우주의 대자연을 무슨 수로 거역한단 말인가. 불 때던 부지깽이를 거꾸로 꽂아놓아도 새싹이 나온다는

4월 아닌가. 무엇을 죽이고 무엇을 살릴 것인가. 마을버스 안의 사람들이 구경 삼아 내다본다. 그중 어느 영감님은 우리 차에 대고 "뭘 잘했다고 큰소리야!" 호통친다. 남편이 흥분하여 운전사에게 차고지가 어디냐고 묻는 걸 봐서는 아무래도 종점에서 한판 붙을 모양이다. 나는 누가 깜빡이를 켜지 않아 잘못했던지 상관없다. 운전은 제아무리 고수라도 한순간이다.

처음에 기사가 씩씩대며 다가올 때, 얼른 남편의 소매를 붙잡으며 "여보, 미안하다고 그래요." 미안하다고 말하면 끝날 일이었다. 먼저 머리 조아리는데 어느 누가 멱살을 잡을까. 순간 놀라기는 했어도, 사람도 차도 모두 무사하지 않은가.

그런데 또 그렇게 혼자 고고한 척 말하는 아내 때문에 그는 화가 더 났다. 서로 언성을 높이는 중에, 나는 슬몃슬몃 남편의 넓적다리를 꼬집으며 "됐어요, 됐어. 그만!" 그만이라고 말렸다.

급기야, 나는 이성을 잃고

"야, 그만해."

"…"

"야, 그만하라니까."

내 목소리에 내가 벼락을 맞은 듯 놀랐다. 누구에게 화통을 삶는 큰소리는 생전 처음이다. 물려고 덤벼드는 개에게도 그렇게 소리를 내지른 적이 없다. 서로 '니' '내' 막말이 오갔다. 우리는 이미 '마티즈 3212'라는 수인번호 안에 갇혀버렸다.
"야, 내려."
"…."
"니는, 언제 한 번이라도 내 편 든 적이 있어?"
"…."
"내려!"

나는 튕겨 나오듯 차에서 내렸다. 누가 우리를 잠자리에서도 서로 존댓말 쓰는 교양 있는 부부인 줄 알까.

'메니에르', 이름도 아름답다. 프랑스 의사 메니에르라는 사람으로부터 비롯된 병명이다. 돌발적 어지럼증으로 균형 감각이 깨지고, 더불어 청력이 약해진다는 병이다. 의사가 남편의 병을 설명하면서 점점 사오정처럼 되기 쉽다고 했다. 잘 들리지 않으니, 모든 사람이 자기를 무시한다고 여기며 노여운 마음이 커진다고도 했다. 소리를 잘 들으려고 긴장을 하면 할수록 표정은 경직된다. 수명과는 상관없으니 잘 다독여 껴안고 살라고 했다. 그러나 위험요소가 다분하다. 그중 자동차의 클랙슨 소리에 사각지대다. 환자로 취급하며 가엾게 여겨야 하는데, 나는 매번 화가 난다.

걸었다. 혼자 무작정 걸었다. 막다른 골목이 나왔다. 뒤돌아 다리가 아프도록 또 한참을 걸었다. 편의점 25시 앞, 청색 플라스틱 의자에 주저앉았다. 사하로 197번 길에 사람들이 지나간다. 노란 풍선을 든 사내아이, 토끼 모양의 하얀 풍선을 든 여자아이, 시끄럽게 욕설 섞어 왁자하게 지나가는 중학생들, 양복 입은 신사도 지나가고 목줄에 묶인 개도 지나간다. 자동차도 지나가고 드르렁거리며 오토바이도 지나간다.

나는 가끔 낯선 거리의 이방인을 꿈꾼다. 아무도 아는 사람이 없는 곳에서 자유로워지고 싶다. 그곳이 파리의 몽마르트르 언덕쯤이었으면 좋겠다. 노천카페에서 갓 구워낸 바삭바삭한 빵과 달콤한 카푸치노 커피를 마시며 한 편의 글을 완성하고 싶다. 그 꿈을 위하여 갈맷길로 체력단련을 하러 가는 중이었다.

아, 몽마르트르. 몽마르트르 그곳에 가는 도중, 비행기 안에서 시비가 붙으면 "내려!" 한마디에 나는 아마 산산이 부서진 이름으로 공중분해 될 것이다. 벚꽃잎 휘날리는 이 거리가 바로 꿈에 그리던 그 언덕이려니, 눈앞에 '자유'라고 쓴 아파트 로고도 보인다. 그는 메니에르라는 고독을 싣고 쌩하니 '벚꽃 동산'으로 달려갔고, 나는 몽마르트르의 낭만으로 이 글을 쓴다.

봄 햇살이 화사하다.

적자생존, 찍자 생존

비가 왔다. 마침 나비고Navigo(지하철 버스 교통 이용권)와 뮤지엄패스 일주일 기간이 만료되었다. 아마 비가 오지 않았다면 계속 질주했을 것이다

아~ 휴식, 일주일에 하루 정도는 휴식이 필요하다. 여행지에서 시장 보며 삼식이 세끼에 간식까지 챙기며 다녔다. 종아리에 알통이 배기고 발목이 부러져 나갈 듯 걷고 난 다음의 여유다. 아직 한국에 돌아가려면 열흘이나 남았다. 인생의 속도로 헤아리자면 반평생이나 남은 셈이다. 젊은 날, 뭔가 빨리 이루려는 강박증이 그동안 얼마나 삶을 고단하게 했던가.

에펠 타워가 있는 파리 15구, 작은 원룸 스튜디오를 빌렸다. 미셸 장의 집은 심플하다. 없지만 다 있고, 있지만 다 없다. 전자레인지 세탁기 도마 칼 숟가락 내가 좋아하는 와인 잔, 내가 가장 싫어하는 전기밥솥…, 소꿉놀이 같다. 몰래 숨어든 소설

속의 연인들처럼 부부는 매일 밤 커튼을 쳤으며, 매일 밤 들숨 날숨이 벅찼다.

밤 10시가 넘어 해가 지는 나라에서 저녁마다 시간 맞춰 켜지는 에펠탑의 불꽃 쇼를 보며 건배했다. 나는 지금 젊은 날의 독점적인 사랑이 고픈 것이 아니다. 무덤덤한 맹물 맛의 사랑이 있는 듯 없는 듯 그 편안함이 그립다. 실용과 낭만 사이를 꿈꾼다. 젊은 날에 파리에 오지 않은 것이 얼마나 다행인가. 아마, 그대로 그곳에 주저앉아 정착했을 것이다. 나이 들어 안 오길 얼마나 다행인가. 지팡이 짚고 어정어정 뒷걸음쳤을 것이다. 지금 파리에 와서 얼마나 다행인가. 아직 체력도 낭만도 돈도 말랑말랑 감성도 달콤하지 않은가. 꿈꾸는 자만이 몽마르트르 언덕에 오를 수 있다.

벌써 몇 번째다. 삼삼오오 쑥덕대다 다가온다. 몰래 사진도 찍는다. 나는 정색하며 "농"이라고 말한다. 아예 이름표까지 목에 건 큐레이터가 "당신, 영화배우?"냐고 또 묻는다. "농" 절대 농이다. 나는 그냥 한국 아줌마라고 한국말로 또박또박 말한다. 남편이 둘러싸인 나를 구출하느라 다가오면, 사람들은 더 모인다. 내 짝지가 하필이면 세계적인 피아니스트의 거장 백건우와 닮았기 때문이다. 내 눈에 코 크고 잘생긴 청년만 보면 모두 디카프리오처럼 보이듯, 그들의 눈에 나는 꼼짝없이 '윤정희'다. 외국인만 그렇게 보는 것이 아니다. 노르망디에 몽생미셸 하루 투어를 신청했더니, 현지 가이드인 한국 청년도 보자마자 "윤정희 씨?" 하며 반긴다. 아니라고 하는데도, 목소리를 들으니 진짜라며 좋아한다. 파리 사람들의 예술 사랑이다.

파리 시내에서 단체 한국 관광객을 만나면 두 사람만 왔느냐고 묻는다. 둘이 좌충우돌하는 '자유여행'이라고 하면 "우와~, 좋겠다." 루브르의 〈모나리자〉와 맞닥뜨린 듯 탄성을 지른다. 그러나 여자 화장실에서 은밀하게 만나면 어쩌다 그렇게 되었느냐며 "괜찮냐?"고 위로한다. 말 통하는 사람이 단둘뿐이니 밤낮 싸워서 그렇지, 그런대로 괜찮다. '적자생존'이라 해서 경제적 적자만 내는 여자도 아니고, '찍자 생존'이라 하여 밤마다 침대에서 아내를 찍어 넘기기만 하는 남자도 아니다. 날마다 여행일지를 적고, 곳곳마다 사진 찍는 부부다. 흰 블라우스에 빨강 장미 한 송이 가슴에 단 조그만 동양 여자, 틈만 나면 아무 곳에서나 연꽃 자세로 앉아 메모한다. 서 있기 좋아하는 유럽인들은 그녀에게 카메라를 들이댄다. 내 모습이 그들에게는 또 다른 이국적인 풍경이다.

어느 나라에 가든 귀국 전날 나는 도서관은 꼭 간다. 그곳은 지성이 숨쉬는 곳이다. 어떻게 아느냐고? 내가 '지성인'이기 때문이다. 내일이면 한국을 떠난다는 아쉬움이 역광이긴 하지만, 그 빛이 주는 효과는 에너지다. 멋지다. 광대하다. 무엇이? 미테랑도서관? 아니, 내가 지금 이곳에 있다는 충만감이다. '전혀 이해할 수 없는 세상 속, 귀에는 프랑스 말이 들리지만 내가 어느 의미로도 전혀 짐작할 수 없는, 상관없는 언어를 하는 사람들, 나는 지금 그들 틈에 끼여 철저히 고립의 경험'을 하고 있다. 선글라스를 벗어놓고 돋보기를 꼈다. 선글라스의 시선으로 '이방인'이 되기보다는 돋보기의 초점으로 카뮈의 마지막 소설을 읽고 있다. 햇볕이 좋아 총을 쐈다는 진정한 비극은 그를 학교에서 가르치지 않고 그의 작품을 읽지 않는 데 있다는 말에 나는 몰입한다.

  파리와의 작별시간이다. 몽마르트르로 언덕, 달리 미술관, 오르세미술관, 루브르박물관, 오랑주리미술관, 로댕미술관, 군사박물관, 앵발리드, 베르사유궁전, 노트르담 대성당, 생트샤펠, 퐁피두센터, 파리 국립현대미술관, 마레 지구, 개선문, 샹젤리제, 클로드 모네 미술관, 다이애나 추모비, 빅토르 위고 자료관, 에펠 타워, 파리 시립 근대미술관, 갈리에르궁전, 몽 생미셸, 카페 레되 마고, 마들렌 교회, 아랍세계 연구소, 소르본 대학, 옹플뢰르, 노르망디, 뤽상부르공원, 튈르리 정원, 오페라 가르니에, 라파예트백화점, 들라쿠르아미술관, 시테섬 생루이섬, 센강과 다리, 조각공원, 리옹역, 미테랑도서관, 장식미술관, 방돔광장, 보주 광장. 첫사랑이 가슴 한편에 자리 잡고 있듯, 오랫동안 나는 파리를 그리워할 것이다. 서양 쪽 첫 여행지를 파리로 택한 일은 탁월한 선택이었다.

집 떠나온 지 스무날, 아무 일도 일어나지 않았다. 하루라도 내가 없으면 안 될 것 같았던 집, 책임을 맡은 도서관, 집의 아이들, 구순의 우리 아버님 모두 무고하다. 여전히 하늘은 파랗고 나뭇잎들도 반짝반짝 초록이다. 본래부터 파리의 원주민처럼 나도 광장 잔디밭에 무명스카프 한 장 깔고 누워 책을 읽는다. 바람에 한 귀퉁이가 나풀거리며 펄럭인다. 연인들, 기타 소리, 책을 읽는 중년들. 무엇보다 어느 시선에서도 자유롭다. 이미 602호 '빅토르 위고'의 전시장은 문을 닫았다. 세월이 가도 세계 사람들은 대문호 빅토르 위고의 이름을 우러르며 찾아온다. 어디서든 진가는 숨어 있어도 빛이 난다. 날이 차가워진 후에야 소나무와 잣나무의 푸른빛이 보인다는 〈세한도〉가 따로 없다.

다 벗어던지겠다. 무슨 상관이란 말인가. 또 뜬금없이 위대한 작가가 된 양, 뭔 놈의 호연지기가 이렇게 시시각각 발동하는지, 나의 고질병이다. 파리의 에필로그를 쓰기에 가장 적절한 곳 '보주 광장'에서 인생이여, 축포를 터뜨려라! 나는 환호하며 춤출 것이다.

(2011년 프랑스 파리)

파리지앵 pərízən, 이 남자

　에펠탑이 보인다. 소설 《황금 물고기》가 떠오른다. 정말 이 나라는 인종 차별 따위는 없을까. 법적인 구속력 말고 본연의 《까만 피부, 하얀 가면》 파농의 얼굴들 말이다.
　길거리 노천카페에 연인들은 둘이서도 마주보지 않는다. 모두 길거리에 시선을 둔다. 담배를 피우면서도 이야기하면서도 끼리끼리 둘러앉지 않고 각자 거리의 행인을 보고 있다. 그들은 옆 사람의 이야기를 마음에 담아두지 않고 지나가는 사람들에게 떠나보내는 것 같다. 서로에게 관객이다. 끌림 따위는 아예 없는 듯, 다소 냉소적이다. 그런데도 '사랑' 하면 왜 '파리의 연인들'이 떠오르는지. 그들의 사랑 방식은 도대체 무엇일까.
　사실 1982년 나와 남편은 로댕의 〈생각하는 사람〉 앞에서 턱시도와 웨딩드레스를 입고 사진을 찍었다. 서울 종로예식장 야회조각상이다. 실제 파리의 '로댕미술관' 안, 로댕 동상 앞에서 그동안 사이좋게 잘 살았는지 중간 점검을 받는 기분이다. 어제저녁, 남편을 안아주고 나오지 않았더라면 어찌할 뻔했는가. 관능이 스멀스멀 밀착한다. 〈더 키스〉 앞에서 로댕의 손길이 카미유 클로델의 유선에 닿는 모습 앞에서 우리도 살아있는 조각상이 되었다. 로댕미술관 야외공원에는 한국말만 들리는 것 같다. 한국의 초, 중, 고등학생들이 떠들썩하다. 대한민국 미술교육 참으로 대단하다. 미술을 전공한 집의 아이에게 부모로서 처음으로 미안하다는 생각을 했다.

루브르박물관으로 북새통에 밀려들어 갔다. 유리관 속에 갇혀 세계 사람들의 총애를 혼자 받는 여인 〈모나리자〉 그림 앞에서 아찔했다. 그 방 가득 찬 사람들의 탄성 소리에 넋이 나갔다. 루브르의 인파 멀미로 방향감각을 잃었다. 며칠 후, 정신을 가다듬어 다시 가서야 먼발치로부터 다가갔다. 오히려 근대현대미술관의 〈모딜리아니의 여인〉의 시선에 매료되어 보고 또 보고 비켜설 수 없었다.

"들라크루아!" "여기가?" 작품이 소품이다. 작은 정밀묘사다. 종잇값 물감값이 적게 들었을 것 같다. 매우 지나치게 조용한 분위기다. 내 조심스러운 걸음걸이로도 마룻바닥 삐거덕거리는 소리가 크다. 좁은 방에 두 명씩 큐레이터가 있다. 그들은 작품을 지키는 것인지, 관람객을 관람하는 것인지 태도가 거만하다. 프랑스에서는 관람객을 관리대상으로 보는 눈초리가 심하다. 그들을 내쫓고 싶다. 더구나 빨리 나가주었으면 하는 시선이 거북하다. 그러나 들라크루아 미술관 뒤뜰은 아늑하다. 글 한 편 시작하여 끝낼 수 있는 분위기다. 초록의 그늘이 싱그럽다. 다리도 쉴 겸, 고즈넉한 아름다움에 취해 한참을 벤치에 앉아서 꼬박꼬박 졸았다.

오랑주리 미술관에 들어서는 순간, 헉! 숨이 멎을 듯하다. 모네 〈수련〉의 방에서 가슴이 쿵쿵거린다. 어디선가 미리 보았었더라면 그렇게 숨이 차오르지는 않았을 것이다. 한동안 앉았다가 섰다가 가슴을 쓸어내리다가 마음과 몸이 털버덕 주저앉았다. '세상을 다 살았다고, 세상을 다 보았다.'라고 말할 수 없다. 나만 그런가. 눈동자 빛깔이 다른 외국인들도 숨을 참고 있다가 "후우~!" 포효한다.

미술관을 순례하면서 아쉬움이 크다. 진작 크로키를 배웠으면 좀 좋았을까. 시간에 쫓기지 않고, 음미하며 특징을 잡아 집중하고 싶다. 날마다 명화를 감상하며 나만의 도록을 엮어내고 싶다. 여행자의 준비가 멀었구나 싶어 애꿎은 손만 꾹꾹 눌러본다.

무엇이든 익숙하면 방심하게 된다. 드디어 올 것이 오고야 말았다. 부부의 한계는 보름쯤인 것 같다. 낯선 환경에 긴장하여 꼭 잡았던 손이 갑갑하다. 나는 불어 영어가 통하지 않으니 만사가 OK다. "노프라범" 거리낄 것이 없다. 한 블록, 한 모퉁이에서 뒤돌아보는 것은 어서 쫓아오라는 신호지만, 두 블록 두 모퉁이는 이참에 파리의 길거리에 아내를 버리고 싶다는 뜻이다. 안내 책자에 프랑스 편지지와 카드가 예쁘다고 나와 있다. 소로본 대학 근처 문구점에 가보니 실제로 예쁘다. 바구니에 주섬주섬 담았다. 안으로 들어가 젊은 백인 남자 친구에게 막 계산을 하려는 순간, 남편이 들어왔다. 내 옆에 서더니 "이거 꼭 필요해?" 단호하게 "꼭 필요해요."라고 해야 하는데 "응~응~. 아니." 긍정도 부정도 아닌 어정쩡한 대답이 자꾸 나왔다. 나는 한국에서도 당장 필요해서 문구류를 사는 경우는 드물다.

나에게 문구류는 보석이다. 꼭 손가락에 끼고 목에 걸고 귀에 달지 않아도 된다. 그냥 책상 서랍에 가지고 있으면 마음이 풍성하다. 연암 선생도 "사고 또 사도 책과 문방구에 관한 욕심은 한이 없다."라고 했다는데, "이게 한국 돈으로 계산하면 십만 원이 넘는다."라고 꼭 짚어 알려준다. 나는 당당하게 십만 원을 쓸 정도의 경제력이 된다. 은행 잔액도 많다. 또 누가 알겠는가. 훗날, 《열하일기》에 버금가는 여행서 한 권을 완성하게 될는지. 지켜야 할 뚝심은 어디로 가고, 바보같이 종업원을 쳐다보며 "쏘리~, 쏘리~." 하면서 내 손으로 하나씩 뺐다. 내 아들 같은 젊은 점원도 어깨와 손을 들썩이며 괜찮다는 제스처에 묘한 미소를 보낸다. 품격 있는 마드모아젤 '체면'이 말이 아니다. 남편도 뒤질세라 프랑스 남자한테서 되레 나를 구제해 준 듯한 몸짓으로 먼저 문구점을 휑하니 나선다. 싫다, 싫다, 정말 싫다. 한 블록씩 쫓아가기 싫다. 숫자 개념이 젬병이고 현실감각이 다소 없기는 하지만, 명품 가방도 구두도 시계도 아닌, 잉크 빛 그리움을 펜 촉에 콕콕 찍어 보내고 싶은 마음이 파랗게 멍든다.

남편은 뭐 하나 사려고 해도 몇 번 망설이다 기회를 놓친다. 이리 재고, 저리 재고 계산기 꺼내어 한국 돈과 유로를 계산해 본다. 가격 대비, 품질 대비, 실용성, 다 따지다 보면 결국 기념품 하나도 못 산다. 경제를 지키는 남편의 셈법은 꽤 훌륭하다. 나를 아내로 선택한 것만 봐도 그의 안목은 상당히 높다. 대신 나는 비싼 곳은 아예 들어가지도 않는다. 그곳엔 정말 나의 자존감을 무너뜨리는 계산서만 있다고 여긴다. 소소한 토산품 점이나 문구점, 거리 뒷골목 등을 배회하면, 가는 곳마다 소품의 디자인이 나를 부른다.

몇 블록을 한마디 말없이 두 걸음 앞으로 한 걸음 뒤로 쫓아가는데, 내 마음을 대신하여 장대비가 억수같이 쏟아진다. 거리 카페들이 서로 마주 보이는 골목이다. 처마밑에 비 맞은 생쥐 꼴로 붙어 서 있는 우리 부부에게 빗줄기가 으르렁댄다. 이미 마음까지 흠뻑 젖었다. 한 발자국도 옮길 수 없다. 차가 한 대씩 지나갈 때마다 물벼락을 맞는다. 설상가상 도로의 물이 역류해 길 위로 물이 차오른다. 이런 날씨가 종종 있는지 양쪽 카페 안의 사람들이 우리를 쳐다보며 느긋하게 와인 잔을 기울인다. 몇몇 사람들은 나를 보고 눈을 찡긋한다. 이미 그들에게 우리 부부는 비에 젖은 파리의 풍경화다. 처음에는 창피하더니 그 분위기가 점점 재미있어져 나도 V자를 그어 화답한다. 그런데 문제는, 우두커니 바라보고 있자니 배가 고프다. 또 약이 바짝 고개를 쳐든다. 이런 때 못 이기는 척 카페에 들어가면 좀 좋을까. 나의 짝지는 그게 안 된다. 눈치 없는 내 배와 입은 꼬르륵거리며 침이 고인다. 평생 소원이 보리개떡이라고, 그들이 먹고 있는 국수 나부랭이 스파게티가 세상에서 가장 맛있어 보인다. 허기가 차올라오니 급기야 혀가 말려 들어간다. 쓰러지기 일보 직전, 언제 그랬었나 싶게 금세 햇볕이 쨍쨍하다.

괜찮다. 서운함 따위는 퍼붓던 물줄기에 다 떠내려갔다. 개선문을 통과하듯 나의 짝지는 '파리지앵pərízən'의 상징인 선글라스를 끼고 활기차게 앞서거니 걷는다. 푼수 댁 뒤질세라 샹젤리제 거리로 경쾌하게 따라 행진한다. 지나가던 한 무리의 악기를 든 여학생들이 나를 향해 한 명씩 V, V, V자의 사인을 보낸다. 이 또한 즐겁지 아니하랴!

파리지엔느Parisienne, 이 여자

거리 창가에 붉은 제라늄 꽃잎이 떨어진다. 카페의 연인들이 손가락으로 톡톡 담뱃재를 떨어뜨리고 있다. 꽃잎은 도로에서 붉고 담뱃불은 입술에서 붉다. 거리에 막 버려진 노란 담배 필터에서는 그들이 하고 싶은 이야기가 질겅질겅 묻어 있다.

프랑스 학생들에게 "네 꿈이 뭐니?" 물으면 아무 생각이 없다고 한다. '개념 없는 아이들'이다. 여자 친구하고 올여름 어디로 놀러 갈까만 궁리한단다. 국가적 뒷받침이 견고하니 애써 노력하고 고민할 필요가 없다. 대학에서도 리더들만 잘 가르치는 그랑 제콜Grandes Écoles [gʁɑ̃d.zekɔl] 수업뿐. 그 몇 명이 국가를 이끌어가게 하면 나라는 잘 돌아간다. 국가 차원에서 국민 다 교육하고 똑똑해지면 노동운동밖에 더하겠느냐고 내놓은 복지정치다. 나머지 국민은 모국어 프랑스어만 써도 세계 사람들이 알아서 받들어 모신다. 그들은 쉽게, 그리고 고급스럽게 돈을 번다. 칸 영화제, 파리의 미술, 아를의 사진, 리용의 건축, 여름의 관광객, 전자 IT, 항공우주, 원자력, 철도…. 국민이 바빠야 할 이유가 없다. 비싼 프랑스 요리를 사 먹지 않았는데도 배가 아프다.

우리는 어떤가. 좁은 땅에서 전투적으로 산다. 출발부터 다르다. 유학 간 한국 사람이 제아무리 똑똑해도 그들은 유학생들을 주류에 끼워주지 않는다. 자기들끼리 다 해 먹는다. 유학생들은 언제나 언저리에 머물게 한다. 열심히만 하면 그 부류에 들어갈 것으로 생각하지만, 이민 2~3세대쯤이라야 겨우 파리 시민이 된다. 그래도 근본의 꼬리표는 유색인종이다. 조상 잘 만난 프랑스 학생들이 부럽기까지 하다.

여행, 힘과 돈의 소비인가. 문화의 생산일까. 여기는 파리다. 왜 모두가 똑같이 살아야 하는가. 군중 속의 고독, 대도시, 인간 소외 현상, 한 방향으로 밖을 보고, 유명인사가 하는 것을 똑같이 따라 하기가 가치가 되는 곳, 조그만 그림 액자 속의 〈모나리자〉가 전 국민을 먹여 살리는 나라에 우리나라 여학생들이 무리 지어 걸어간다. 잠자리 선글라스에 핫팬츠 스마트 폰 고급 브랜드 가방에 화사한 얼굴화장, 흡사 명품 광고를 찍는 모델들 같다. 20~30대에 루이비통 가방 메고 다니면, 나이 들어 무엇을 메고 다닐까. 걱정도 팔자, 나처럼 어깨에 힘이 빠지면 가볍게 에코백 들고 다니지.

파리는 선택의 자유가 곳곳에 보인다. 계절과 상관없는 패션에 잔디만 보이면 벌러덩 드러눕는 모습이 낯설다. 유대인 거리라는 마레 지구의 먹자골목을 찾아가는데, 그곳의 비릿한 밤꽃 향기가 음습하다. 나는 발가락이 오그라들며 발걸음이 빨라지는데 남편은 외려 느긋하다. 게이든 바이든 그들 '성 소수자'들에 대한 편견이 없단다. 나 혼자 촌스럽게 머리카락 쭈뼛거리며 걸음을 재촉한다.

거리 음식 케밥(아랍어; 케밥 كباب)을 받아들고 어색하다. 그들은 우중충한 벽 쪽에 붙어 서서 우적우적 잘도 먹는다. 나는 아무래도 아랫목 방바닥처럼 퍼더앉아야 넘어간다. 개다리소반은 없을지라도, 옆에 물병도 놓고 무릎 위에 냅킨도 얹어야 한다. 당연히 제라늄 꽃잎 소복한 창가 밑이어야 한다. 아무리 동가식서가숙할지라도 나는 동방예의지국 대한민국에서 순방 나온 안방마님이시다.

마지막 매트로metro를 타려고 사람들이 플랫폼에 꽉 찼다. 건너편에 딱 한 사람의 청년이 남았다. 기타를 치면서 유유히 노래한다. 그 표정, 그의 앞에 동전을 넣어주어야 할 모자도 없다. 더구나 건너편으로 던질 거리도 아니다. 그런데도 즉흥적인 퍼포먼스에 잠시 스치는 관객들이 "와우~" 환호와 박수, 그리고 정각 시간마다 에펠 타워 불꽃 쇼에 파리의 밤은 저물고 있다.

어디든 밥솥이 있다는 것은 일상이다. 밥솥이 있으면 국이 있어야 하고, 김치가 있어야 한다는 암시다. 접시 하나면 끝날 식사에 한정식은 반상기 세트로 토지신을 모시는 정착이다. 절대로 집시가 되어 유랑할 수 없다. 나와 남편 사이에는 "쿠쿠" 소리 나는 부부유별 '웬수' 같은 밥솥이 있다.

우리가 머물던 스튜디오의 마지막 날이다. 알람이 없이도 일찍 눈이 떠졌다. 시차가 자동으로 돌아온다. 아침부터 대청소했다. 물론 집의 임대료를 지급하고 혹시나 모를 위약금도 선입금했다. 그런데도 고맙다. 나는 내가 사는 공간을 송두리째 누구에게 내어줄 수 있을까. 침실 거실 주방 욕실 그리고 그들이 읽은 책이 꽂혀있는 서가, 그 갈피갈피 그들이 추구하는 생활의 흔적들이 고스란히 보인다. 내 공간을 남에게 오픈할 수 있는 그런 생활을 하고 싶다. 그러려면 삶이 단순해야 한다. 당장이라도 큰 가방 하나 싸면 떠날 수 있는 단출함. 그래서 프랑스 연인들은 어제저녁 불타는 사랑을 나누고 오늘 아침, 느닷없이 "안녕, 파리"라며 이별할 수 있는 것은 아닌지. 나 같은 사람은 구석구석 게으름의 치부를 누구에게도 보여줄 수 없어 단 사흘도 혼자 떠나지 못한다. 일상의 흔적을 정리할 시간이 평생 나의 발목을 붙잡는다.

나는 '파리지엔느Parisienne'의 시크한 스타일은 못 된다. 세련되고 멋진 분위기가 물씬한 방돔 광장의 매장을 순회 중이다. 프랑스 자수 집 앞에서 눈길이 멈췄다. 그때 문득, 내 입에서 새어 나오는 신음 "바보!" 간이 생기다 말았다. 식탁보, 식탁 매트, 침대 커버, 베갯잇, 와인 잔 두 개, 그것을 현지에서 사서 우아하게 사용하고 한국에 가져오면 될 것을. 돌아와서 평생 추억을 깔고 베고 마시면서 살 것을. 남의 나라에서 구차하게 식탁 위에 비닐 깔고 유리잔이 깨질까 봐 건배도 제대로 하지 못하며 절절매던 꼬락서니라니. 기필코 파리에 다시 간다면…, 찰찰 넘치는 낭만 자락을 내 몸이 닿는 곳마다 펼칠 것이다.

 돌아오는 날, 드골공항까지 버스를 네 번 바꿔 탔다. 무거운 여행 가방을 들어올리고 끌어내리면서 공항버스도 탔다. 픽업을 마다하고 한번 해보자는 남편의 객기가 실천한 것이다. 그럴 때, 나는 남편과 시차가 맞지 않는다. 본인은 성공신화라도 이룬 듯 뿌듯해하지만, 나는 그쯤에서 지구의 반대 방향으로 떠나고 싶다. 그래도 훗날 좌충우돌하던 우리 부부에게 파리 여행이 소중한 추억이 될 것을 예감한다.

마담, 모르쇠

 무엇을 밉게 보았을까. 그녀가 나를 쳐다보는 시선이 곱지 않다. 공연히 눈치가 보인다. 나의 남편은 "주인님 가시는 길에 말고삐를 붙잡고" 따라오는 돈키호테의 하인처럼 내 곁을 지킨다. 본래 집에서 잘하지 못하는 남정네는 밖에 나가면 허세를 부린다.
 몽생미셸이 있는 곳으로 떠나는 날이다. 영국해협으로 흘러나가는 센강 하구의 항구도시 옹 플뢰르 노르망디, 빛의 화가 르누아르 세잔 모네 쇠라 쿠르베와 인상파 화가들의 대부인 브댕이 머물던 곳이다. 전날 저녁에 인터넷으로 급조한 여행코스다. 안내자는 준수한 한국 청년이다. 신혼부부 한 쌍, 우리 부부, 그리고 나를 견제하는 그녀다. 그녀를 태우러 파리 16구 샹젤리제로 갔다. 정원이 훤히 들여다뵈는 저택에서 그녀가 나온다. 짧은 단발머리, 움켜쥐듯 껴안은 가방, 맹꽁이 운동화, 오래된 수동카메라, 내 눈에는 영락없는 '촌티할매'다. 그녀는 일행을 한 번 훑어보더니 선글라스를 낀다. 역시 선글라스는 패션의 완성이다.

모스크바에서 한 달을 머물다 파리에 왔다고 한다. 우크라이나와 키르기스스탄에서 속옷까지 다림질해 주는 하녀들의 수발을 받았다며, '백작 부인'이 따로 없었다고 한다. 샹젤리제 고급 민박집도 혼자 쓴다고 한다. 그녀는 겁나는 게 없어 보였다. 처음 인사가 "나는 가방끈이 짧다." 간단하게 치고 들어오니, 그다음은 그녀를 인정하는 수밖에. 몇 천만 원 통장을 깨서 나오니, ABC 영어 한마디 몰라도 어디든 최고의 대우를 받는다며 목에 힘주어 말한다. "돈이 양반이다." 이 나라 저 나라, 민박집 사장이 연결해주는 대로 다닌다고 한다. 집을 떠나온 날은 있으나 돌아갈 날은 없다. 돈이 떨어지면 돌아갈 것이다. 그러나 한국에서 돈이 송금되어오니 더 길어질 것이라며, 당신들 나한테 덤빌 테면 덤벼 봐! 배짱으로 당당하다.

그녀는 지금 세상 부러울 것이 없다. 그런데 왜? 심사가 꼬여 내가 주는 과자 음료수 커피는 모두 거절할까. 예쁠 것도 없고 돈도 없어 보이는데 내가 남편 하나는 잘 만난 것으로 보였던 모양이다. 나도 할 말이 많다. 매일 시각을 다투어 일하러 다니느라 점심을 놓치는 날도 많고, 기력이 없어 더러 길에서 쓰러진 날도 있다. 여행경비도 남편에게 미리 송금하고 온 사실을 그녀는 알 리 없으니, 그녀에게 내 모습은 남편의 등골이나 빼 잡수시는 개념 없는 사모님처럼 보였을 것이다.

옹 폴뢰르 노르망디는 파리 시민들이 나이 들어 가장 살고 싶어 하는 곳이라고 한다. 로망의 고장답게 골목마다 조붓한 격이 있다. 떡갈나무 목조건물은 생활 주택인데도 관광객을 위한 모형주택처럼 예쁘다. 예쁜 데다 분홍빛 붉은빛 베고니아와 페튜니아로 색의 조화까지 드러내 놓고 뽐내지만 질리지 않는다. 가로세로 골목마다 창문에 아이섀도처럼 흰색과 보랏빛 꽃 화분이 공중에 매달려 있다. 바닷가로 나오니 빛의 도시답게 푸른 하늘과 해안가의 알록달록한 집, 요트가 즐비하다. 시시각각, 삽시간에 은빛 금빛으로 바뀐다. '극치'라는 단어의 물그림자가 온통 우리 얼굴을 빛나게 한다. 그곳에서 나의 남편은 현지인처럼, 내게 볼 키스 비쥬bi3u를 "쪽쪽" 흉내내며 놀았다. 누군가 "놀고 있네." 흉보면 어쩌냐며 내가 눈치를 살피면, 남편은 "우리 놀러 온 것 맞다."라며 맞장구쳤다.

그러나 그녀는 정작 도착한 여행지에는 관심이 없어 보인다. 그녀는 나처럼 "와우~!" 환호하며 '바다 위에 있는 듯한 고립된 섬' 고혹한 몽생미셸의 풍광에 탄성을 지르지 않는다. 1888년에 열었다는 특산물 오믈렛도 먹지 않았다. 그 먼 곳까지 와서 아예 몽생미셸 수도원에 올라가지도 않는다. 성채가 나오든 말든 동네 한가운데 벤치에 동상처럼 앉아 있다. 마치 어린 아이가 엄마 치맛자락 붙잡듯, 현지 가이드 옆에서만 뱅뱅 돈다. "배탈이 날까 봐…"라며 헝겊 가방에서 살균된 우유와 미숫가루만 꺼내먹는다.

몽생미셸에서 돌아오는 길, 승합차 안의 일행이 모두 곯아떨어져 자고 있다. 그녀는 묻지도 않았는데, 뒤에 앉은 나에게 미주알고주알 풀어놓기 시작한다. 그녀가 여행 떠나오기 전, 곗돈 내는 지인들과 충무에 놀러 갔었다고 한다. 늘 자랑거리만 한 보따리 싸 오는 잘난 친구들이란다. 그녀들은 자식 농사를 잘 지어 의사 변호사 '사'자들의 잘나가는 어미들이다. 좋은 옷 입고, 비싼 보석 끼고, 성형하고…, 아직 기분은 살아있어 고급 포도주 한 잔씩을 따라 마시면서 이야기꽃을 피운다. 깊은 밤, 자랑 밑천이 떨어지자 그때부터 여기 아파, 저기 아파, 다리 관절 수술, 허리 수술. 명품으로 치렁치렁 치장이 무슨 소용인가. 술기운을 빌려 "내 인생 이게 뭐냐? 누가 보상해주느냐?"며 팔자타령을 하더라. 손자 보랴, 며느리 눈치 보랴, 즈이 식구만 아는 잘난 아들 쳐다보랴, 갈수록 태산인 영감님의 심술을 토로하며 서럽게, 서럽게 꺽꺽 소리 내어 울더란다. 자신이 나서서 "노세, 노세 젊어서 놀아, 늙어지면 못 노나니♬" 노래 한 곡으로 눈물 마무리를 짓고, 그 길로 바로 몇 천만 원 꿰차고 집 나오니 이래 좋다. 다음 코스는 체코로 갈까? 밀라노로 갈까? 스위스가 그렇게 좋다던데…. 떠돌다 길거리에서 죽더라도 자신의 선택에

여한이 없다고 한다.

촌놈과 결혼해 너무 가난하여 딸 하나밖에 낳지 못하고, 남의집살이부터 안 해본 일 없이 몹시 힘들게 살았다고 한다. 죽기 살기로 일하여 먹고살 만하니, 아들을 낳지 못했다고, 여편네가 무식하다고, 못생겼다고, 밥 먹다가 밥상 뒤엎고, 자다가 발길질하던 남편이 저질렀던 행패를 나에게 낱낱이 고발한다. 이야기 중간중간 "돈이 양반이다." 핵심은 절대 놓치지 않고 후렴구처럼 왼다. 그녀는 지금 다달이 건물세를 받고 있으며, 딸이 마흔다섯 살인데도 결혼할 생각이 없으니, 남들처럼 손자 손녀 봐 주다 골병들 일도 없고, 감 놔라. 대추 놔라 잔소리할 좁쌀영감도 없으니, 내 팔자가 상팔자라고 팔자타령 사설이 판소리 한마당이다.

그녀는 지금, 임자를 만난 것이다. 눈꼬리 처진 만만한 여자한테 고단했던 삶을 퍼다 버리는 중이다. 천국의 계단이 따로 없다. 돈이 그녀에게 칸으로 오르는 붉은 카펫을 깔아줬다. 집 뛰쳐나온 로라, 나는 그녀의 과단성에 로열석 관객이 되었다. 그녀는 드디어 인생의 주인공이 된 것이다. 그녀의 퍼포먼스에 나는 "아아~ 예에~ 에유~." 추임새로 동조하고 탄식하고 "쯧쯧" 혀만 찼다.

산티아고를 걷는 순례객도, 바람의 딸도, 명품을 사러 온 쇼핑족도, 아비뇽의 여인을 그릴 것도, 이국의 정취를 글로 쓸 작가도 아니고, 아니고…, 아닌 그녀. 나는 어느새 그녀의 마력에 빠져들기 시작했다. '돈이 양반이다.'로 득도한 순례자의 모습, 나는 그녀를 '마담, 모르쇠'로 추앙한다.

모딜리아니

 "오우~ 동서, 앉아있는 모습이 명화네."
 책 한 권만 들면 〈독서하는 여인〉인데…. 그러나 사실 르누아르 풍의 금발이나 복숭앗빛 볼은 아니다. 오늘 동서의 모습은 무채색에 무표정이다. 새벽부터 전을 부쳐 오느라 지친 모습이다. 느닷없는 나의 아부 발언에 "모딜리아니죠?"라고 한다. 맞다. 얼굴도 목도 허리도, 무엇보다 말의 여운이 길다.
 "아~ 모딜리아니." 나는 스마트 폰을 열어 저장해 놓은 모딜리아니 그림 32장을 보여줬다. "내가 좋아하는 그림이야." 모딜리아니 그림 옆에 수첩을 든 여인의 사진을 한 장 더 보여줬다. 인증사진이다. 제사 시간이 다가오는 막간의 추억 스케치다.
 파리 근대 미술관, 그 방에 들어서자 '엇! 이게 뭐야?' 모딜리아니(1884~1920)의 〈푸른 눈의 여인〉이 그곳에 있다. 텅 빈 푸른 눈이다. 모딜리아니의 그림은 선만으로도 이미지가 충분하다.

모딜리아니 그는 부르주아 청년으로 진정한 보헤미안이었다. 그의 삶은 항상 끓어넘쳤다. 그러나 작품은 고요하다. 애수와 관능적인 아름다움, 슬픔이 배인 듯 단순하면서도 세련된 푸른 눈의 여인들을 그렸다. 관능과 슬픔과 비장함, 긴 목 긴 얼굴. 공허함을 꿈꾸는 듯 바라보는 그 눈길을 어찌 마다할 수 있을까.

큐레이터가 자꾸 쳐다본다. 경고의 눈총을 쏜다. 감정 마찰이다. 한 바퀴 돌아 또 그 방으로 갔다. 그러고도 서너 번은 더 갔다. 무엇을 알려고 간 것은 아니다. 말도 통하지 않으니 변명할 수도 없다. 나는 다만 푸른 눈빛과 교감하고 싶었을 뿐이다.

일부러 약을 올린다고 생각했는지 씩씩거린다. 지금 나는 '행복 중'이다. 파리에 온 보람이다. 그녀를 못 본 체했다. 내가 언제 다시 그 작품 앞에 설까. 그저 감개무량하다. 더구나 루브르나 오르세 미술관처럼 인파에 떠밀려 줄 서지 않아도 된다.

큐레이터 그녀의 머리 모양을 감상할 겨를이 없다. 나는 여태 무엇을 했을까. 자신을 뒤돌아본다. 박물관이나 미술관 또는 거리를 다니면서 진작 '크로키'를 배웠으면 좀 좋았을까.

중학교 미술 교과서에서 목이 긴 '푸른 눈의 여인'을 만났었다. 바로 미술반에 들어갔다. 미술반 아이들은 나와 다르다. 귀밑 2cm의 단발머리, 양 갈래로 두 번 땋고 묶으라는 규정도 없다. 등 뒤로 땋은 머리가 허리춤까지 찰랑거려도 교칙에 걸리지 않는다. 긴 머리의 사립초등학교 출신 친구들이 부러워서 미술반에 들어간 것은 정말 아니다. 오로지 모딜리아니의 그림 한 컷이 나를 불렀다.

일주일에 한 번, 석고상을 앞에 놓고 4B연필로 비율을 맞춰가며 스케치를 하였을까. 밑그림이 말갛게 보이도록 연둣빛 나뭇잎을 수채화 물감으로 칠하였을까. 어림없다. 그림물감도 없이 미술반에 들어온 멍청이 친구가 또 있었는지, 그 아이와 나는 양동이를 들고 다녔다. 아이들 사이를 왔다갔다하며 팔레트와 붓 씻을 물을 공수하는 미술반 도우미다. 그 양동이를 든 소녀 시절의 꿈이 미술관 안에 걸려있는데, 어찌 건성으로 지나칠 수 있을까. 길거리에 멈춰 서서 오랫동안 올려다보던 '화실' 불빛보다 끌림이 강하다. 한번 보고 지나갔는데 또 뒤에서 잡아당기고, 옆방으로 갔는데 '나를 두고 갈 거야?' 눈빛으로 잡아당긴다.

팔레트에 유화물감을 짜 놓은 듯, 공작새의 뒷날개 같은 오색찬란한 레게 스타일의 그녀. 급기야 그녀가 다가온다. 어라! 험한 표정까지 짓는다. "왜?" 내가 저에게 춘풍을 보냈나, 추파를 던졌나. 머리 빛깔이 예술인 것은 맞다. 그러나 내 취향은 아니다. 나는 평소 내 옷차림처럼 흑백의 선만으로도 충분하다. 그녀의 빛깔을 닮은 총천연색의 화려함은 관심이 없다. 나도 같이 맞섰다. 여기는 프랑스 파리, "농!" 너 아니고, "모딜리

아니!" 모딜리아니라고 외쳤다.

  큐레이터가 오해할 만하다. 내가 마음 상할 이유가 없다. '미안! 큐레이터' '아듀~, 모딜리아니' 모딜리아니 그림만 사진에 담아왔다. 제삿날만 되면, 부엌에서 꼭 한 사람만 잡는 서슬 퍼런 큐레이터가 지키는 분위기. ㅇㅇ시집살이는 오뉴월에도 서릿발친다고 했던가. 그러려니, 그래야지, 그러라 그래, 그럴 수 있어. 자신을 다독이며 다짐의 다짐을 하며 하라는 대로 한다. 배알도 없다. 어찌, 그리 40여 년이 한결같을까. 매번 맞닥뜨릴 때마다 괜찮지는 않지만, 괜찮아지고 싶고, 괜찮아지려고 안간힘을 쓴다. 빨강머리 앤은 "누군가를 미워하고 싶다면 거울을 보라."고 말한다. 거울 속의 상대는 언제나 자신의 모습이다.

  '안녕? 안녕아.' 오늘처럼, 우리 영혼이 궁핍한 날이더라도 "초록은 동색, 동색으로 힘내자!" 훗날 목이 길어 슬픈 기다림일지라도 공허한 눈빛을 알아주던 동서였음을. '색즉시공, 공즉시색' 모딜리아니의 시선으로 푸른 눈을 터치한다.

오캄

"아, 일 안 하고 싶다."

원고료로 먹고사는 사노요코의 말이다.

가방 안에 속옷과 책 한 권뿐이다. 그곳이 어디라도 괜찮다. 다만, 당당하게 출가하고 싶다. 초록은 동색이라는데 나는 무채색이다. 한 분은 명랑과다이고 못난이는 우울 진창이다.

다음날 튕기듯 나왔다. 오롯이 나에게 집중하자. 본부는 합정역 3번 출구, 행동개시는 시청역부터다. 덕수궁 수문장 교대식을 따라 궁 안에서 휴식하고 돌담길을 걸어 덕수초등학교에 들어가 천문대를 본다. 관리인이 나와 묻는다. "법조계에 계세요?" 검은 투피스에 흰 블라우스, 아니면 낮은 구두에 민낯 때문일까. 덕수초등 출신이 법조계에 많아서 졸업생인 줄 알았단다. 궁 근처에 민가가 없어도 수영장 체육관 정책으로 인기가 있는 학교라고 한다.

초등학교 바로 앞에 경기여고 자리가 있다. 학교는 강남으로 이사 가고, 담벼락에 담쟁이덩굴만 무성하다. 나는 글을 쓰기 전에는 몰랐다. 경기여고 나온 사람들의 글을 읽으면서 그분들의 삶과 생각을 배우는 중이다. 녹슬고 부서진 철문 안을 마음 놓고 오래도록 들여다본다. 나의 태도가 얼마나 진지해 보였던지, 지나가던 외국 청년도 내 옆에서 코를 들이박고 들여다본다. 빈터다. 그는 내게 뭘 보느냐고 묻는다. 이곳은 대한민국 최고의 지성, 여자 하이스쿨이었던 자리라고 주제넘은 사설이다.

정신을 차리고 보니 주위에 외국인을 포함한 몇몇이 둘러서 있다. 나는 어설펐던 콩글리시konglish가 부끄러워 서둘러 골목에서 빠져나오며 "어디에서?" 스코틀랜드에서 왔다고 한다. "바이, 바이~. 해브어 굿 타임." 헤어져 신문사 골목 칼국수 집으로 가다가 "아차차!" 같이 식사하자고 했으면 좀 좋았을까. 젓가락 사용법과 매운 김치의 맛도 보여줄걸. 대책 없이 집 나온 나의 한계, 내 그릇이 딱 고만하다.

칼국수 한 그릇을 먹고, 성공회 뜰에서 꼬박꼬박 졸며 해바라기 한다. 자주 수녀원 앞뜰에서 차 한 잔의 여유를 누리던 곳이다. 서늘한 교당에 들어가 장엄한 파이프오르간을 올려다보다 막 지하 묘에 들어가려는데, 어느 그룹 회장 선친 묘도 있다는 말에 불에 덴 듯, 총총걸음으로 나왔다. 바보, 심보가 옹졸하다. 오래전의 알리앙스 프로세즈와 세실극장도 그대로 그

자리다. 소공동 지하상가에서 곧잘 청춘의 길을 잃던 시절이 되살아난다.

시청 앞 광장, 광화문 우체국, 동아 조선 서울 신문사들도 건재하다. 무교동에서 가장 높았던 20층 빌딩에 '남강타워'라는 로고가 없었다면 온통 유리 벽으로 리모델링한 건물을 지나칠 뻔했다. 결혼 전, 7년 동안이나 매일 출퇴근하던 건물이다. 건물 뒷골목에 자주 가던 '아가페 다방'은 흔적도 없다. 나는 아가페 마담의 한복 치마를 꼬아 올린 교태에 매료되어 모닝커피를 시켰었다. 그 시절의 마담보다 지금 내 나이가 훨씬 지긋하다. 속절없는 뒤안길이다.

서울은 현재 축제 중이다. 탑골공원, 낙원상가. 인사동의 공방 '마비에'에 들어가 간이 의자에 앉으니, 친구가 보이차를 연방 우려 준다. 어스름 저녁이다. 목젖이 따뜻해지니 뭉쳤던 다리가 풀린다. "얘, 친구들 연락할까?" "아니, 혼자 걷고 싶어. 나 집 나왔어." "야, 너 멋지게 산다." 멋, 그렇다. 몸은 천근만근 너덜너덜해도 마음은 충만하다.

셋째 날, 종각과 종로통 청계변이 야단법석이다. 메가폰 마이크 머리띠 현수막이 빨강 파랑 노랑 초록…, 태극기와 성조기를 비롯해 각양각색이다. 어느 날 대형마트 앞을 지나가는 깃발을 보며, 세 살배기 손자가 "뭐 달라고 그러는 거예요?" 물었다. "뭘까?" "뽀르르 비타민 달라고 하는 거예요." 으스대며 알려준다. 아기에게도 뽀통령이 있듯, '세상에 나쁜 개는 없다.'며 애완동물을 훈육하는 개통령도 TV에서 바쁘다. 모두 누군가에게 그 무엇을 달라고 시위한다. 그런데 나는 지금 필요한 게 없다.

내가 머무는 방에는 TV도 시계도 없다. 머리빗이 없어 며칠째 손가락으로 얼기설기 쓸어내리며 머리카락을 말린다. 쓸쓸하다고 생각했던 높은 천장도 아늑하다. 열어놓은 창문으로 햇살이 비치니 한 줄기 바람도 살랑살랑 들어온다. 책 읽기 좋은 방이다.

《사는 게 뭐라고》 책을 펼쳤다. '일본인의 노후를 읽었다. 어느 쪽을 펼쳐도 훌륭한 사람들뿐이다. 모든 사람이 긍정적인 데다가 앓는 소리를 하지 않는다. 이 책을 보니 자식들에게 구박받고 푸념을 늘어놓는 할머니도, 교양 없는 할아버지도 없다. 정말로 다들 훌륭하다. 화창한 날씨에 읽고 있자니 더 우울해졌다.' 그렇다. 책을 쓰는 사람들은 어쩜 그리도 인성이 다 훌륭할까.

넷째 날, 광화문을 지나 경복궁 앞 현대미술관 뒤뜰에 앉았다. 햇살도 나른하게 한갓지다. 내가 자라던 서울, 궁핍했던 서울이 이토록 고요하고 너그러워졌다. 스무 살 무렵, 나는 서울만 벗어나면 살 것 같았었는데, 돌고 돌아 화갑華甲이 지난 요즘은 돌아만 가면 살 것 같다. 관계에서 고립되고 싶다. 서울 곳곳을 배회해도 나를 찾는 사람이 없으니 세상이 마냥 화사하다.

출가 나흘 만에 돌아왔다. 발칵 뒤집힐 줄 알았다. 아무도 그 무엇도 묻지 않는다. 그대로 일상이다. 무정하다. 그런데 외려 마음이 잔잔하다. 여태까지 혼자 펜스 룰을 치고 애면글면했다. 이 낯선 느낌? "오우~ 그래, OKLM!" 드디어 내가 나를 찾은 것이다.

나의 오캄을 위하여! "아, 일하고 싶다." 강사료가 필요하다.

* 오캄: 프랑스어로 '고요한', '한적한'을 뜻하는 말로, 스트레스를 받지 않고 심신이 편안한 상태. 또는 그러한 삶을 추구하는 경향. 'OKLM'으로 표기되기도 하며, 연관 있는 단어로는 스웨덴의 '라곰(lagom)', 덴마크의 '휘게(hygge)' 일본의 '소확행(小確幸)'이 있음. - 시사상식사전 -

부사니

레디! – 마린시티 뾰족탑 투룸 세트장. 나는 오늘, 어느 배역으로 "큐!" 사인에 몰입할까? 삼면이 바다다. 상상의 나래를 편다. 겹겹이 껴입어도 실오라기 하나 걸치지 않아도 파노라마처럼 펼쳐진 바다. 가장 가까운 풍경은 '영화의 거리'다. 비가 오나 눈이 오나 바람 불어도 영화의 도시답게 감독과 카메라맨의 조형물이 스탠바이 상태로 주인공을 기다린다. 낮뿐만 아니라 밤새도록 가로등 불빛을 받으며, 집도 돈도 남자도 없는, 영화 〈찬실이는 복도 많지〉처럼, 대본을 써볼까.

새벽녘에 본 캐릭터에 머문다. 그녀는 저 난간에 언제부터 걸터앉아 있었을까. 방파제 앞에서 밤을 새운 것은 아닐까. 아무리 '강소주'를 마셔도 '취하는 건 바다'라고 하더니, 내 눈에는 층층이 쌓아놓은 콘크리트 테트라포드가 더 위압적이다. 불안한 마음을 걷을 요량으로 커피 한 잔을 마시는 동안, 동이 튼다. 아~, 다행이다. 검푸른 바다는 조물주의 조명으로 반짝반짝 출렁인다.

액션! – 요즘 부산이 부산스럽다. 활기차다. 팬츠 차림으로 달리는 조깅맨, 헬멧을 쓰고 사이클에 엎드려 질주하는 동호인들, 지붕 없는 2층 시티투어 버스에서 손을 흔드는 여행객들, 여행용 가방 바퀴를 돌돌 굴려 지나가는 연인들. 알록달록 스카프에 챙이 커다란 모자의 여인들, 유모차에 탄 강아지, 선글라스 낀 개들까지 그늘이 없다. 해 질 녘, 돛대를 세운 요트들이 앞다투어 등대를 빠져나간다. 선셋sunset 투어다. 광안대교의 네온사인, 마린시티 야경, 간간이 불꽃 터지는 소리가 모두 주인공이 되는 팡팡, 팡파르다.

큐! – 결혼하기 전, 사귀던 남자친구가 군대에 갔다. 이때다 싶어 친구들과 강촌에 놀러 갔다가 코트라KOTRA 일행을 만났다. 몇 년 후, 그들 중 '파리무역관장'으로 파견 나간 동문 선배에게서 연락이 왔다. 파리는 '후배에게 딱 어울리는 곳'이라며, 프랑스 문화원 근처 '알리앙스 프로세스'에 새벽반이 있으니, 우선 불어 기초를 배우라고 했다. 가당키나 한 제안인가. 나는 주경야독하는 소녀 가장이었다. 그 후, 하얀 케이크 같은 모나코 공화국이 그려진 엽서를 마지막으로 받았다. 그래, 그때 나는 파리에 가고 싶어 했었지. 그곳으로 가고 싶다.

언어가 장벽일 수는 없다. '먼 곳부터~' 장거리 비행할 체력이 있을 때, 한 해라도 빨리 가고 싶은 곳으로 여행하라는 아이들 응원에 용기를 냈다. 3일 만에 결정하고, 기내에서 파리 관련 책자를 서너 권 읽는 동안, 드디어 드골공항이다. 파리 외곽에서 시내로 접어들자 눈앞에 '개선문'이 나타났다. "아~, 여기가 파리구나." 뮤지엄패스 자유이용권과 나비고navigo 교통카드를 일주일씩 세 번을 연장하며, 남편과 나는 보헤미안 파리주민이 되었다.

에펠탑 근처, 장 미셸 부부가 휴가를 떠나며 인터넷에 내놓은 스튜디오다. 그곳은 딱 두 명만 타도 꽉 차는 소형 엘리베이터에 누군가 타고 있으면, 아예 건물 밖에서 출입문이 열리지 않는 철통 프라이버시 시스템이다. 나선형 계단도 한 사람씩 돌아 돌아, 올라가야 한다. 저녁마다 골목에 들어서면, 다하지 못한 이야기처럼 창가마다 붉은 제라늄 꽃잎들이 발 앞에 휘날리며 환영의 퍼레이드다.

원룸 안은 가림막 하나를 옮길 때마다 침실 거실 서재가 된다. 소파 냉장고 식탁 커피잔 와인잔 냅킨에 초승달처럼 가느다란 무드조명까지 새로운 장르다. 무엇보다 3단짜리 책꽂이에 그들이 보던 책을 매일 한 권씩 꺼내 봤다. 불어를 몰라도 밑줄 그은 곳을 보면 취향이 짐작된다. 나는 누군가에게 내 은밀

한 공간을 통째로 빌려줄 수 있을까. 더구나 책꽂이를 공유할 수 있을까. 나는 책을 읽을 때마다 일기 쓰듯 메모하는 버릇이 있다. 그날, 그날 감성의 세포들이 이끄는 대로 깨알같이 적어 놓는다. 서가에 꽂힌 책을 빌려주지 못하는 변명이다. 그들의 책을 들고 '빅토르 위고'를 찾던 날 보주 광장 잔디에 누워 《보헤미안의 파리》를 읽었으며, 파리를 떠나오기 마지막 날은 미테랑도서관 데크deck에 배를 깔고 엎드려 파리여행의 에필로그를 썼다. 공항으로 이동하기 전, 솔 수세미로 화장실과 주방을 청소하고 침구 정리를 한 다음, 내 수필집 《매실의 초례청》과 감사엽서 (2011년 8월 12일) 한 장을 식탁 위에 올려놓았다. 스튜디오 열쇠를 우편함에 넣으며 "아듀~ 파리!" 작별의 커튼이 내려진다. "컷!"이다.

엔딩 – 위드 코로나로 부산해진 거리를 보면서, 문득 장 미셸 부부가 생각났다. 우리가 다녀간 이듬해, 샹젤리제 근처 아파트로 이사를 했으며, 그때 우리에게 공간을 빌려주고, 오스트리아 비엔나로 여행하며 딸 '비에나'를 생산했다는 이야기와 꼭 부산에 가서 비에나 동생 '부사니'도 낳고 싶다는 이메일이 왔었다. 그들은 '부산국제영화제'에서 엔지니어와 신문기자로 만나, 낮에는 현장에서 일하고 밤에는 해운대 '달맞이고개'에서 사랑을 나눴었다니, 부산이 맺어준 '해피엔딩'이다. 거실에서 '영화의 거리'를 내려다본다. 아파트 임대 기간이 끝나기 전에 그들에게 우리 부부의 침대도 빌려주고 싶다. 아~, 그런데 세월이 지난 지 어느덧 10년이 넘었다. 아직 그들의 아기집은 온전하신지, 혼자 마음만 부산하다.

3부

체크인 체크아웃

U턴
꽃시름
체크인 체크아웃
그깟, 짐 따위
나는 안다, 어젯밤에 당신이 한 짓을
링거 효과
김씨네 편의점
MERS의 강
Innisfree, 그곳
가파른 사랑

U턴

 TV를 보다 서로 목소리가 커졌다. 우리 부부하고는 아무 상관도 없는 일인데, 그런 날이 있다. 밴댕이 속인지 꼭 껴안아 달래 줘도 뒤돌아 눕는다. 처음에는 아파트 공원으로 나가 바람이나 쐬려고 했다. 혹시 아는 이웃과 마주치면 구구절절 설명이 귀찮아 골목 쪽으로 나가니 샛바람이 차다.
 급히 나오느라 지갑마저 챙겨오지 못해 핸드폰에 매달린 교통카드만 달랑거린다. 순환 버스를 타고 맨 뒷자리에 숨어들어 길가의 풍경과 타고 내리는 사람들의 표정을 보면서 나를 다독일 수도 있다. 그러나 오늘은 자신이 없다. 허름한 운동복이 마음에 걸린다. 운전기사가 뒷거울로 흘끔거리며 '저 여자 집 나왔구나!' 눈치챌 것만 같아, 동네 어귀만 어정거리다 돌아왔다.
 누가 물에 빠져 죽으려고 하다가 감기 들까 봐 못 뛰어내렸다 하더니, 내가 바로 그 꼴이다. 남편은 항상 나에게 말한다. 하고 싶은 대로 하고, 가고 싶은 데로 가라고. 그러나 목적 없이 낯선 곳에 하루를 내 멋대로 가본 적이 없다.

  날이 밝기를 기다렸다. 어디든 가고 싶다. 며칠 전에 주문해 놓은 제사 한복을 찾아오는 길, 하필 찾은 곳이 UN 묘지다. 정갈하게 다듬어진 묘역 안에 나에게 사열을 하듯 떨어져 있는 동백꽃들. 그중 탐스러운 한 송이를 주워들고 류관순의 후예처럼 흰 무명저고리와 회색 치마를 입은 채, 병사들의 영혼이 누워있는 곳곳을 배회했다.

  한 묘비명 앞에 멈추어 섰다.

"LIENUTENANT J.MOIR December 25. 1952. AGE 27"

  스물일곱 청춘의 나이, 하필 크리스마스 날 낯선 이국땅에서 전사하다니. 그날, 흰 눈이라도 펑펑 내렸다면, 온 산야가 그를 위해 애도를 했으리라. 어쩌면 핏빛 선연한 한 송이 꽃으로 다시 피었으려나. 묘비 앞에 눈물처럼 떨어진다는 동백꽃 한 송이를 헌화하는데 콧날이 시큰하다.

  바로 앞에서 보란듯이 핀 하얀 목련 한 그루가, 어젯밤 내 남편처럼 당당하게 나를 바라본다. 자목련 수줍은 듯 그 옆에서 내숭을 떠는 꼬락서니라니. 잠시 화사하게 피었다가 단박에 지고 말 목련꽃 같은 이 내 청춘. 자줏빛으로 휘감은 꽃의 자태가 어젯밤 내 모습이려니, 그예 눈물이 흐른다. 손수건을 꺼내 눈자위를 지그시 눌렀다.

거리를 두고 내가 머무는 곳마다 머뭇머뭇 뒤따르는 한 여인이 있다. 동병상련일까. 그녀는 멀찌감치 서서 한참을 물끄러미 바라보더니, 천천히 다가와 내 옆에 선다.

"아지매여~, 상복喪服이 참 곱소. 남편 묘에 참배하러 왔능교?"

'이런, 오랏줄에 묶어 놓을 여편네.'

내가 여태까지 공들인 생때같은 내 남편을 두고, 내 어찌 시공을 초월하여 UN군과 결혼을 했었을까.

꽃시름

 황금빛 카펫에 압도당했다. 델리 공항에서 나와 공항 메트로를 찾느라 두리번거릴 때마다 호객꾼이 따라붙는다. 메트로를 겨우 찾았으나 철 셔터가 가로막혔다. 하필 철도가 파업했다고 한다. 공항버스를 기다렸다. 밤은 깊어지고 택시를 타고 싶지만, 기사를 어찌 믿을까. 망설이다 인도 경찰청에서 운영한다는 요금표부터 끊었다.
 택시를 탄 지 5분도 안 되었는데 기사가 영수증을 달라고 한다. 그러면 우리는 요금을 냈다는 증거가 없다. 남편과 기사는 서로 언성을 높인다. 사람만 목소리가 있는가. 차도 개도 소도 닭 원숭이 오토릭샤, 사이클 릭샤…, 도로에서 움직이는 모든 것은 숨을 쉬듯 자기 소리를 낸다. 국립택시는 차선도 없는 도로에서 자주 시동이 꺼졌다.
 기사는 어둠침침한 구석에 차를 세우더니 종이 쪼가리를 찢는다. 순간, "눈 뜨고 당하는구나!" 남편의 한숨 섞인 혼잣말이 들렸다. 호랑이에게 물려가도 정신만 차리면 된다. 나는 택시 문의 잠금장치를 열고 뛰어내릴 태세로 손발에 힘을 실었다. 외진 곳에서 시동이 꺼지면 남자보고 내려서 차를 밀어달라 하고 여자만 태워 내뺀다는 유언비어를 들었기 때문이다. 나중에 안 일이지만 영수증을 찢는 것은 바늘구멍 같은 점선이 없어서 반쪽은 아무렇게나 찢어 길바닥에 버린 것이다. 박물관이나 사원에 들어갈 때도 검표원들이 다 그렇게 했다.

그래서 델리의 숙소까지 제대로 찾아갔느냐고? 우리는 한국에서 예약해간 뉴델리 기차역 근처 호텔 반대편에서 헤맸다. 호텔명과 지도를 보면 알지 않겠느냐고. 영어를 말하는 인도인은 많으나 글을 아는 인도인은 드물다. 그나마 국가가 운영하는 택시이기에 영수증이 있다. 1950~60년대에 우리나라 사람들이 길거리에서 영어 한문 일본어를 자유자재로 읽고 말할 수 있는 사람이 몇이나 되었을까. 더구나 카스트 제도가 엄격한 나라다. 몇 번이나 호텔 이름을 말하며 그곳을 아느냐고 물었을 때, '노 프라블럼'이라고 외치던 호기는 어디 가고, 기사는 길도 글도 모른다. 사통팔달 시장통에 차 문을 열어놓은 채 지나가는 사람들을 붙잡고 물어본다. 모르는 척하는 것이 아니라 정말 모르는 것이 확실하다. 금방 울음보가 터질 표정이다.

역을 가로질러 30분 넘는 거리에서, 엎어놓은 콩나물시루 같은 광경을 봤다. 우리 또한 시루 안의 콩나물이다. 발길에 차이는 것은 계단이나 길바닥에 널브러져 자는 군중이다. 우리의 커다란 배낭을 보고 따라붙는 사람은 인력거꾼만이 아니다. 경찰인지 군인인지 친절한 시민인지, 서 있는 사람은 모두 몸에 바짝 붙어 뭐든 달라고 한다. 그 와중에 짐을 내려서 한 명씩 통과하는 검색대를 몇 번이나 거쳤다. 종교분쟁이 심하여 테러를 막기 위함이다. 지하도를 건너거나 쇼핑몰 영화관 지하철을 타려고 해도, 가방을 열어 보이고 검색대를 통과하며 양팔을 벌려야 한다. 그냥 순서대로 줄을 서면 좀 좋은가. 유교 국가도 아닌데 가는 곳마다 '남녀 7세 부동석'이다. 남편과 나는 머나먼 이국땅에서 개 줄처럼 묶어놔도 서로 잃어버릴 판인데, 여성 통과 줄에 따로 서서 매번 휘장 안으로 들어갔다.

　역을 가로질러 호텔 간판을 보고 들어갔는데, 넓고 넓은 역사 안의 수화물 창고다. 산더미 같은 높은 짐 속에 철망을 따라 미로찾기처럼 어렵사리 숙소를 찾았다. 성공한 안도감으로 수면제 한 알을 먹고 누웠다. 몇 시간쯤 잤을까. 춥다, 매우 춥다. 파카 잠바 목도리 장갑 양말 두 켤레를 신고도 춥다. 온통 흐트러진 무질서 자다 깨다 비몽사몽이다. 여행안내 책에서 배낭여행자들에게 슬리핑백을 가져오라는 말을 실감한다. 그곳도 사람 사는 곳인데 무엇인들 없을까, 현지에서 사면되지. 도저히 못 견뎌 담요를 사고 전기 히터도 샀다는 사람들도 만났다.

그러나 인도 사람이 아닌 다음에야 이고 지고 들고 달리는 기차 문에 매달리거나, 지붕 위에까지 올라가 앉을까. 열악한 교통환경에 짐을 바리바리 짊어지고 다음 목적지는 어찌 찾을까. 거리는 시바 신에게 바치는 '아르티 푸자Arti puja' 의식의 악기 소리와 낯선 주문의 선율에 맞춰 신들린 듯 돌아가는 인도다.

  남편이 혼자 나갔다. 창고 같은 호텔 방안에 이중 삼중 잠금 장치를 걸어놓고 인터넷카페를 찾아 나선 것이다. 서류 복사 한 장을 하려고 해도, 예약한 사이트 하나를 찾으려 해도 소도시에서 인터넷카페를 찾아 헤맨다. 날짜와 요일의 개념도 없어지고 하루 이틀 사흘이 그냥 지나간다. 인터넷 안 하면 되지. 그렇지, 안 하면 된다. 그러나 한국에서 숙소와 기차 편을 예약했으니, 그들에게 서류를 보여줘야 할 것 아닌가.

  나는 갇혔다. 따뜻한 물에 몸을 담그고 싶던 욕망은 사치다. 시도 때도 없이 정전이니 온 세상이 컴컴하다. 오돌오돌 떨며 수첩을 꺼내 좋은 생각만 끄적인다. 꽃물 꽃구름 꽃바람 꽃향기 꽃씨 꽃꿈 꽃시계 꽃가지 꽃바구니 꽃받침 꽃봉오리 꽃버선 꽃동네 꽃밭 꽃그네 꽃노래…. 웬, 꽃타령이냐고?

  명색이 호텔인데 싶어 전기 고데기와 헤어드라이어를 가져왔다. 비누 샴푸 치약 스킨로션 따위가 생존하고 무슨 상관이람. 이쑤시개 하나도 내려오는 속눈썹조차 무거운 인도다.

  다시 꽃 시름에 젖는다. 꽃등 꽃길 꽃삽 꽃그림자 꽃잎 꽃새우 꽃게 꽃신 꽃이불 꽃베개 꽃저고리 꽃치마 꽃담 꽃집 꽃문양 꽃향기 꽃사슴 꽃술 꽃떡 꽃누루미 꽃다식 꽃다지 꽃다발 꽃그림 꽃엽서 꽃편지 꽃마담 꽃미녀 꽃미남 꽃처녀 꽃보살 꽃거지 꽃당신 꽃여보 꽃수녀 꽃스님 꽃매듭 꽃양산 꽃동무 꽃수건 꽃엄마 꽃언니 꽃딸 꽃할머니 꽃마차 타고 꽃놀이 간다. 아침에 피었다가 저녁에 지고 마는 꽃 신세 꽃 동요 꽃봉오리 꽃, 꽃, 꽃, 아무리 꽃 타령을 되뇌어도 나의 해바라기, 꽃 신랑은 돌아오지 않는다.

나의 애마 마티즈를 팔아 마련한 여행경비로 인도印度의 인도人道를 걸었다. 바라나시 갠지스강에서 여섯 개의 골드메리 생화 꽃불 '띠아Dia'에 소망도 띄웠다. 움직이는 가운데 동중정動中靜, 다시 그곳 인도를 걷고 싶다.

(2013년 1월 인디아)

체크인 체크아웃

 결국은 사람이 하는 일이다. 모든 건 사람에게 물으면 된다. 언어의 장벽? 뭐 그리 중요한가. 베를린 장벽도 작은 망치 하나로 무너졌다. 길에 다니는 인도 사람들은 모른다. 그렇다면 어찌하겠는가. 그들 방식대로 찾고 계산하도록 맡기고 여행객은 그들만 관리하면 된다. 우리는 지갑을 열, 손님이다. 모로 가도 서울만 가면 되는 곳, 여기는 인도다.
 인터넷 카페를 찾고 있었다. 숙소를 예약한 증서를 노트북에 담아왔다. 정보들이 컴퓨터 안에 있으니 서류를 보여주려면 인터넷이 연결되어야 한다. 한국에서는 그랬다. "인도의 IT산업이 얼마나 발달했는데…." 남편은 서류와 기계를 믿는다. 그건 도시 일부 층의 이야기다. 우리가 무슨 외교통상부에서 파견 나온 직원인가. 이곳은 하루 일용할 양식 짜이Chai 한 잔과 로띠Roti 빵 한 개가 급한 삶의 현장이다.

나도 알파벳 정도는 읽지만, 나도 돋보기는 있지만, 이렇게 침낭까지 짊어지고 동서남북을 쫓아다니다 보면, 눈치만 백 단으로 는다. 궁하면 통한다. 늘 시기가 문제다. 꼭 쓰러지기 일보 직전에야 보인다. "여보, 여기가 인터넷 카페다." 힌디어로 쓰인 간판이나 지도가 무슨 소용인가. 나의 능력은 오로지 하나. 어디서 본 듯한 아련한 풍경. 초가집들이 많았던 내 고향 사람들의 표정과 말씨와 눈빛이다. 그 눈빛 속에 상대가 무엇을 하고 싶은지, 무엇 때문에 화가 났는지, 다 보인다.

인도에 서류를 출력해 갔다고 치자. 5성급 7성급 고급 호텔이라면 몰라도 극기 훈련 차원의 배낭 여행객에게는 백지나 마찬가지. 인쇄된 종이 쪼가리 사본보다 자신들 눈앞에서 손으로 꾹꾹 눌러 쓰는 기록만을 믿는다. 우리가 어느 나라에서 왔으며 어제 머물렀던 주소는 어디였는지 일일이 적어야 한다. 한 사람 것만 적고 'ㅇㅇ외 1명'은 안 된다. 성과 이름만 다를 뿐 여행목적이 같은 부부인데도, 위의 내용을 반복해서 적으라고 한다. 그때 남편과 게스트하우스 직원의 오가는 눈빛은 대치상태다. 서로 종교와 이념이 다른 국경지대의 힌디와 이슬람권 정부 요원들 같다. 짐꾼, 심부름하는 아이, 집주인 옆에 어슬렁거리는 개도 소도 쥐도 참관인이다. 순간순간 재빠르게 호기심과 경멸의 눈길이 오간다.

나는 아예 퍼더앉아 구경한다. 무심한 표정으로 말 못하고 글 모르는 천치 바보 멍청한 여편네의 전형적인 모습이다. 손가락 하나 까딱 않고 그들을 빤히 쳐다만 본다. 남편은 그들이 원하는 문서를 적는다. 가늘게 내리깐 눈과 한 일자의 꾹 다문 입, 압도적인 분위기에 나 같은 건 쫓아 들어왔는지조차 신경도 안 쓴다. 안중에도 없다. 그들 눈에는 오로지 남편의 기갈에 눌려 사는 힘없는 한국 아낙이 한심하게 보일 것이다. 그 정적의 시간이 지나면 나의 남편은 달마상의 너그러운 표정으로 내 앞에 온다. 크기가 화판만 한 숙박 서류를 어부인 앞에 공손하게 내려놓는다. 나는 천천히 우아하게 여왕이 된다. '**류창희**' 내 이름 석 자를, 한 획 한 획 전각하듯 사인한다. 관음보살의 미소와 함께 드디어 체크인된 것이다.

 그때부터 나는 나선다. 기품 있는 목소리로 "이리 오너라!" 호령한다. 그래, 내 말 좀 들어 보시게. 카피 한 장이면 될 일을 이게 무슨 불편한 짓이람. 언제 이런 번거로움을 개선할래? 그건 기계적인 일이니 그렇다 치고, 자네들이 손님을 대하는 태도가 문제다. 우리가 그런 시스템을 가동할 수 없으니, "죄송하지만 이렇게 해주십시오." 친절하면 좀 좋아. 꼭 잘못한 아이 나무라듯 범법자 문초하듯 고자세로 나오면 듣는 사람이 기분이 좋으냐, 나쁘냐? 묻고 또 묻는다. 그리고 알아들었으면 "대답해라, 오바!" 단호하게 다그친다.

 나는 단락마다 또박또박 하나하나 짚어가며, 한 가지 설명이 끝날 때마다 후렴처럼 '대답해라, 오바!'를 요구한다. 그럼 젊은 남자 매니저도 올드보이 주인도 "노프라범" "예스" "OK" 복창한다. 남편은 그게 또 못마땅하다. "이것들은 손님이 왕인 걸 모르나." 오케이는 내가 오케이 해야 하는데…, 뭐가 오케이냐며 언성을 높인다.

종업원들은 슬슬 남편 눈치를 보며 피해 다닌다. 오가며 나와 눈이 마주치면 내 남편 몰래 슬쩍슬쩍 엄지손가락을 치켜든다. 나 혼자 지나다 마주치면 "헬로우 마담, 베리 나이스 패션!" "헬로우 마담, 뷰티플 스마일!"이라며 친근한 관심을 표한다. 그리고 하루나 길게는 일주일을 머물러도 남편 옆에 꼭 붙어 있는 나에게는 눈길 한번 안 준다. 떠나는 날, 숙박료를 내는 사무적인 일이 다 끝나면, 처음에 그랬던 것처럼 종업원까지 서너 명이 또 둘러선다. 그때야 나를 보고 아쉬운 듯, "굿바이!" 인사하며 내가 하던 말투, (나는 영어는 한마디도 안 했다. 힌디어도 한 적이 없다. 언제나 또박또박 한국말로 한다. 그래도 그들은 모국어처럼 찰떡같이 알아듣는다.) 내가 하던 몸짓을 그대로 흉내 내며 "이리 오너라~." "대답해라, 오바!" 오케이! 노프라범이 또 즐겁다. 자이살메르에서도 카주라호에서도 아그라에서도 바라나시에서도 지역과 숙소의 크기와 주인은 달라도, 한결같이 내게 그렇게 우정의 악수를 청한다. 나는 흔쾌히 그들의 손을 맞잡는다. 남편은 또 펄펄, 펄쩍 뛴다. 인도 남자와의 신체접촉은

성추행의 빌미라며 붉으락푸르락 흥분한다.

  남편은 냉철한 이성으로 숫자를 지켜야 하고, 나는 온화한 마음으로 감성을 지켜야 한다. 우리 부부의 인사이드 경제와 아웃사이드 외교로 나뉜 역할이다. 어쩌랴. 열이 머리끝까지 차올라도 이미 체크아웃되었다.

그깟, 짐 따위

 짐에 대한 변이다. 내 짝지의 배낭은 늘 2인분이다. 짐이 아무리 크고 무거워도 어깨 멜빵이 두 개뿐이니 함께 질 수가 없다. 지켜보는 마음만 불편하다.
 나는 여권과 현금 소형카메라 핸드폰이 든 작은 어깨가방이 전부다. 어디를 가나 검색대를 통과해야 하는 인도印度. 남편이 배낭을 지고 내리고 다시 짊어질 때마다, 옆에 있는 사람들도 달려들어 거들어준다. 그러면서 '당신 힘이 대단하다.'라는 뜻으로 엄지손가락을 치켜세운다. 남편이 비틀거리면서 겨우 일어서면, 언제 어디서나 그들은 나를 쏘아본다. 여자나 남자나 국적 불문하고 한결같다. '에유~, 못된 것. 짐꾼을 저리 모질게 부리다니.' 측은해하는 표정이다.
 델리 공항에서 뉴델리역으로 기차를 타러 가는 중이었다. 간이 페스트푸드점에서 만난 한국 유학생 가족이 우리 짐을 보더니, 그런 식으로 준비 없이는 대여섯 번은 고사하고 당장 인도에서 기차는 못 탄다고 한다. 굵은 체인으로 칭칭 감아 끄트머리에 쇠 자물통을 채워야 한다며, 채울 때 표정이 중요하단다. 우선 주위에서 바라보는 주변 사람들을 험하게 둘러본 다음, 천천히 체인을 감고 자물쇠로 잠그며 "너희는, 절대 못 열어!" 할리우드 액션을 하면, 감히 손을 못 댄다고 한다. 뭐 그럴까? 피식 웃으니, 몇 개 여분이 있다며 쇠 자물통 하나를 선물이라며 준다. 그런데 웃을 일이 아니다. 델리 기차 역사로 들어서니, 실제로 체인과 자물통을 온몸에 칭칭 매달고 판매하는 호객꾼이 즐비하다.

처음에 인도에 오기 전날까지 나는 각자 캐리어를 끌고 가자 했다. 남편은 계단과 언덕 흙길에서 캐리어 바퀴가 작동하지 못한다고 했다. 그랬다. 돌돌 살랑살랑 폼 잡으며 가방을 끌고 다닐 상황이 아니다. 작은 담요만큼의 편편한 구석만 있어도, 반걸음 걸을 계단만큼의 폭만 있어도 사람들이 누워있다. 발 디딜 틈이 없다.

우리가 예약한 기차는 한 칸에 위아래 침대가 네 개가 있는 최고급 일등석 'A1' 실이다. 일반 배낭여행객들이 이용하는 20시간 앉고 서고 매달려가는 삼등석이 아니다. 그럼 '에이원' 기차의 성능은 어떤가. 한의원에서 전신 마사지하는 기계처럼 밤새도록 온몸이 흔들리며 두들겨 맞는 기분이다. 앞 침대에 가족의 남편은 엔지니어 부인은 학교 선생이며 아이는 초등생과 유치원생이다. 그들은 길거리의 담요쪼가리나 사리를 뒤집어쓴 성자 같은 원주민 모습이 아니다. 부부 각자 컴퓨터와 핸드폰을 사용하고 있다. 내 남편이 핸드폰을 꺼내니 "오우~ 쌤성!" 엄지를 치켜세우며 일본인이냐고 묻는다. SAMSUNG 브랜드는 알아도 어느 나라 것인지 개념이 없다.

대국 기질이다. 자신의 나라가 우주의 중심인 줄 안다. 다른 나라의 문명에 기죽지 않는다. 한국을 중국의 소수 민족쯤으로 여긴다. 지도로 봐도 중국 밑에 겨우 매달려 있는 것처럼 보인다. 관광지에서나 "코리아."라고 하면, 곧바로 "빨리빨리!"라고 반응한다.

콩글리시 힝글리시 바디랭귀지로 몇 시간 동안, 인도인 가족과 통성명하고 각자 준비한 간이 저녁까지 먹는다. 그들은 손 세정제를 칙칙 뿌린 다음 (코로나가 오기 전 2013년) 일회용 장갑을 꼈다. 밀폐된 공간에서 외국인과 서너 시간 눈 마주치며 나누는 대화가 피곤하다. 아이 둘이 2층 침대로 올라가는데, 인도 아빠가 먼저 선수 친다. 의자 밑에서 큰 여행 가방을 꺼내더니, 별안간 자신의 가족과 우리 부부를 험하게 둘러본다. 그리고는 숨을 거칠게 쉬며 가방을 체인으로 감는다. 순간, '어라!' 이 사람들이 우리를 경계하는구나 여기니 갑자기 인도가 흥미진진해진다. "잠깐, 플리즈!" 나는 잽싸게 셔터를 눌렀다.

터지는 플래시 빛처럼 서로 환하게 웃었다. 소리까지 내며 "하하하" 암암리 협정을 끝냈다.

　짐, 내려놓자. 내 짐이 그들에게 무슨 큰 보탬이 되겠는가. 그깟, 짐 훔쳐다가 무슨 영화를 누릴 거라고 움켜잡아 묶을까. 탐나면 가져가라. 배고픈 자에게 밥 한끼 사지 못하고 인색하게 굴던 통장, 미울 때나 고울 때나 일심동체하겠다고 지키지도 못할 약속으로 끼던 쌍가락지, 개도 안 물어갈 못난 자신을 비춰보는 금이 간 거울이거나, 남의 손 빌려 코 풀던 손수건 나부랭이다.
　밤하늘의 별이 예쁜 라자스탄에 도착했다. 남편이 내게 "당신은 라자스탄의 왕족이 유럽방문을 마치고 방금 도착한 여인 중의 '여왕'"이라는 말씀을 하신다. 역시 나의 남편은 여자 보는 눈은 높다. 나를 거리의 여인이 아니라 여왕으로 격상시킨다.
　내가 언제 짐을 들어달라고 부탁을 했나, 떼를 썼나. 나에게 잘 보이고 싶어 스스로 호의를 베풀었다. 삶 또한 그렇다. 밤낮 남의 짐을 짊어지고 징징거린다. 다 끌어안고 힘에 부쳐 혼자 힘들다고 버둥거린다. 누구든 도움을 청할 때 도와주자. 내가 여태까지 너에게 어찌해줬는데…, 그래, 맞다. 어찌해주었기에 서운하다. 서운한 마음은 사채와 같다. 점점 자란다.
　인생의 여정旅程이란, 언제 어디로 어떻게 얼마나 더 가야 할지 모른다. 인도 여행은 환경이 열악하여 속눈썹도 무겁다. 그렇다. 길거리에 걸인들, 기차 지붕 위의 방랑객들, 일등석에서 체인을 감는 부호들. 우리는 서로 집도 절도 모르는 길 위의 사람들이다. 인도든 한국이든 도둑은 없다. 물질이든 정신이든 부주의만 있다. 무슨 짐이든지 적게 가지면 잃을 것도 적고, 아예 없으면 잃을 것마저 없을 것이다.

나는 안다, 어젯밤에 당신이 한 짓을
- 라자스탄의 밤하늘, 인디아

'데저트 보이Desert Boy.' 이름이 예쁜 게스트하우스에 도착했다. 성안에는 인력거인 릭샤rickshaw가 들어가지 못해 무거운 짐을 지고 꼬불꼬불 미로 같은 골목길에서 찾았다. 뭐라고 할까. 크기를 말하려는 것이 아니다. 자이살메르 성안에서는 숙박요금이 가장 비싼 방이다. 천여 년의 세월이 벽돌로 부서져 내리는 집, 황금빛의 석양이 파노라마처럼 펼쳐져 전망이 사람을 홀리는 방이다. 방안의 소품 또한 고풍스럽다. 《아라비안나이트》의 무대처럼 성안에는 지금까지 사람이 살고 있다. 그 성, 그 집, 그 방에서 나는 무굴제국의 여왕이다. 그랬다. 언뜻 그랬다.

난방, 아예 안 된다. 따뜻한 물, 찔찔 흐르다 만다. 이틀 동안 기차를 타고 왔으니 눈 뜨고도 쓰러질 판이다. 비몽사몽 졸고 있는데 남편의 목소리가 크게 들렸다. 덮을 것을 한 장 더 달라고 요구했던 모양이다. 그런데 그 이불이 문제다. 남편은 "이게 누더기지 사람이 덮을 거냐?" 따지고, 종업원은 "베리 나이스." 라고 우겼다. 나는 옷을 많이 껴입었으니 괜찮다고 했다. "이것들이, 베리 나이스를 보질 못했나?" 남편은 분을 이기지 못하고 씩씩거렸다. 내 눈에도 분명히 구멍이 숭숭 뚫린 누더기였다.

다음날 밤, 라자스탄 사막에서 달을 보며 알았다. 그 정도면 '베리 나이스' 맞다. 아니 '베리 베리, 나이스 나이스'다. 방 안의 도마뱀이, 생쥐가, 길거리의 동작 빠른 원숭이가, 골목에서 꿀꿀거리는 돼지와 쓰레기더미를 뒤지는 뿔 달린 소가 앞길을 가로막는 것이 겁나지 않는다. 낙타와 코끼리도 무섭지 않다. 그것들은 적어도 내 몸에 맨살로 달라붙지는 않는다. 가장 무서운 것은 베리 나이스 담요에서 서식하는 '이'다. 갑자기 머리가 가렵고 온몸이 근질거린다. 아무 소리 말고 꽁꽁 싸매고 자자. 뜨거운 물을 페트병에 담아 발치에 두고, 등과 배 그리고 양쪽 발바닥에 핫 패드를 붙였다.

얼마나 시간이 흘렀을까. 나는 남편 옆에 꼭 붙어서 잤다. 남편도 내 옆에 붙어서 새우잠을 자는데 숨소리가 고르지 않다. 가파른 산등성을 오른다. 이 상황에도 아내 생각이 나다니…. 남편의 품으로 파고들어 팔베개를 베었다. 숨소리가 점점 빨라진다. 방도 추운데 못 이기는 척 안겨주자. 더 다가가 밀착을 하는데, 이 무슨 짓일까. 남편이 갑자기 달려들어 내 목을 조르는 것이 아닌가. 밀쳐내며 빠져나오려고 발버둥 치니 더욱더 힘을 준다. 서로 있는 힘을 다해 전투가 벌어졌다. 그는 잠결이고 나는 맨정신이니 내가 두들겨 패 깨웠다.

방안에 열 명의 도둑이 들었다고 한다. 다 도망가고 세 명이 남았는데 그중 한 명을 붙잡았다고 의기양양하다. 그 붙잡힌 한 명은 자다가 불시에 봉변을 당하는 자신의 아내다. 나도 방금, 파키스탄 접경지대에서 내란 군을 5층 창가로 밀어냈다. 혹시, 떨어져서 다쳤을까 봐 내다보지도 못하고 탁자 밑으로 숨다가 꿈에서 깨어났다. 이 사람도 강한 척 내색을 안 해 그렇지 많이 긴장하고 있다고 생각하니 가엾다.

사람들은 우리를 부러워한다. 부부가 그것도 나이 든 부부가 척박한 인도를 자유여행이라니 존경스럽단다. 나는 "낮에는 보호를 받지만, 밤에는 목숨을 지킨다."라며 어젯밤의 꿈 이야기를 해줬다. 어느 분이 장난기가 동하여 "아마, 본심이었을 것이다."라고 놀린다. 아무리 그래도 그렇지. 일부러 그런 것은 분명히 아닐 것이라고 했더니, "오늘밤, 쥐도 새도 모르게 사막에 묻어 버려"라고 한다. 매일 극한 상황들과 맞닥뜨리니 말도 꿈도 오가는 농담도 극한이다.

낙타를 타고 사막으로 들어갔다. 사람이고 동물이고 한번 코 꿰면 끝이다. 힘의 지배를 받는다. 집채만 한 낙타도 열 살 남짓 소년 앞에 꼼짝없이 넙죽 꿇어앉는다. 10cm의 코뚜레를 잡아당기면 금세 노예가 된다. 모름지기, 다리가 있는 것들은 코뚜레를 못 꿰도록 도도하게 콧대를 높여야 한다.

캠프파이어를 했다. 닭 바비큐가 익고 감자가 익고 이야기가 익는다. 사막 사파리를 위해 현지에서 만난, 다 한국 사람들이다. 대부분 대학생과 신혼부부다. 신혼부부처럼 보이지만, 나중에 알고 보면 절친 남녀 사이다. 누가 신혼여행을 하필 극기훈련하듯 인도로 오겠는가. 그날, 그곳에서 실제 부부는 우리 둘뿐이다. 서양 사람들은 함께 자유여행하는 부부가 많은데, 우리나라 사람들은 특징이 있다. 동방예의지국으로 '남녀유별'이다. 실컷 같이 살다가 오십 대쯤 되면 남자는 남자끼리 골프여행, 여자는 여자끼리 패키지여행으로 분리한다. 참으로 이상한데 어쩌다 부부가 함께 여행하게 되었느냐며 오히려 우리를 안타깝게 여긴다. 부부가 여행하면 잠자리는 편안하다. 거꾸로 자든 바로 자든 코를 골든 이빨을 갈든 룸메이트에 대한 갈등이 없다. 물론 나야 자다가 졸지에 목을 졸리기도 하니 경우가 다르기는 하다.

어느 누가, 부모 나이뻘의 노티를 좋아할까. 괜히 눈치 없이 젊은 사람들 틈에 끼여 한마디 거들었다가는 전갈 취급을 받는다. 저 사람들은 저 나이에 왜 이런 데 와서 물을 버리나 하는 눈총이 따갑다. 더구나 "선생 똥은 개도 안 먹는다."라는 직업이니 꼰대 티가 비치면 낭패다. 비싼 비행기 타고 와서 재수 없다는 소리 안 들으려면 식당이나 길거리에서 대놓고 담뱃재를 터는 여학생이 보여도 슬그머니 피해줘야 한다. 혼자 여행하는 환경이 열악하니, 든든한 지기 파트너를 만나 뽀뽀하더라도 못 본 척 얼른 선글라스를 껴야 한다.

나는 항상 눈치 없는 남편을 단속하느라 바쁘다. 서로 눈빛을 교환하며 단호하게 "가요!" 멀찌감치 뒤돌아 앉는다. 그래도 나의 감지 안테나는 성능이 좋아 말소리가 다 들린다. 온기를 주던 불꽃마저 사그라지자 잿빛 시간이다. 끼리끼리 둘러앉아 오가는 말은 민망을 넘어 적나라하다. 이곳은 척박한 인도의 사막이다. 더구나 밤이 아닌가. 집도 절도 천막도 없다. 물론 베리 나이스의 누더기 이불도 없다. 있는 거라고는 몇 팀의 여행객과 모래, 그리고 하늘에 별이 가득하다.

남편과 나는 별을 봤다. 태초의 빛깔이 이럴까? 사방이 현 현 '검을 현玄'이다. 오묘하고 깊은 별빛이 쏟아진다, 아니 별이 쏟아졌다. 별빛이 우리 눈을 손을 발을 마음속을 다 비춘다. 우리가 저들 나이라면 "저 별은 나의 별, 저 별은 너의 별" 별 노래를 불렀을까. 그러나 남편과 나는 굳이 어떤 말을 할 필요가 없다. 우리가 이곳, 이 시간에 같이 있다는 사실 하나만으로도 감동이 묵언이다. 한 무리의 친구들이 건배하는가 싶더니 "콩그레츄레이션~ 콩그레츄레이션~♬" 손뼉 치며 노래한다. 그래, 청춘은 참 좋다. 무슨 축하일까? 경쾌한 노래 끝나니, 여기저기 하늘을 이불 삼아 자는 척 잠잠하던 사람들도 환호한다.

라자스탄의 별빛과 함께 축하라니, 꽤 괜찮다. 분위기에 젖어 남편 손을 꼬~옥 잡다가 나는 소스라치게 놀랐다. "어머! 어머! 여보, 여보…." 전갈도 이도 아니다. "당신은 알고 있었지?" 정말 미안하다. 어제가 남편의 생일이었다. 별 이름이라고는 북두칠성밖에 모르니 내 눈에는 빛이 사위어가는 북두칠성만 어리어 보인다. 동짓달 스무나흗날, 하현달이 새벽녘에 내게로 비쳤다. 남편을 내게로 보내줬다. 근데, 아니 어떻게 그걸 까먹지. 그를 안 지 37년 만에 짝지의 생일을 까마득히 까먹었다.

목 졸릴 사유가 충분하다. 콧대를 낮추자. 살려준 것에 감사하며 모래 속에 파묻는 것은 일단 보류하자. 날이 밝으면 사막 위에 발자국을 남기자. 내 마음속의 영원한 소년, 데저트 보이와 나란히 인도를 걷자.

링거 효과

캐나다에서 한 남성을 만났다. 20년 전 목돈을 들고 이민 갔다고 한다. 그곳에서 아들 둘을 낳았다. 아이들은 당연히 영어를 잘한다. 교육적인 성공이다. 얼굴은 한국인이지만 캐나다에서 태어나 캐나다 학교에서 캐나다 선생님께 캐나다 사고를 배운다. 주말이면 중·고등학생 아들들이 여자 친구를 데려온다. 엄마 아빠가 함께 있는 자리에서 무릎 위에 앉혀놓고 '쪽쪽' 뽀뽀도 한다. 부모가 "하지 마라!" 경고하면 바로 경찰을 부른다. 그건 그 나라의 문화다.

그 나라는 스무 살이 넘으면 독립시킨다. 그러나 어쩌랴. 부모는 뼛속까지 한국 사람이니 결혼이나 해야 법적 분리다. 남들보다 더 좋은 환경에서 교육하려고 낯선 땅에서 '멍멍' 고생하는 것 아닌가.

고향 강원도에 노모가 혼자 계신다. 장남이지만 용돈도 못

보내드리고 명절마다 찾아뵙지도 못한다. 다시 한국으로 역이민을 궁리해 봐도 한국의 물가가 좀 비싼가. 그달, 그달 생활비와 집세만으로도 매달 바닥이다. 한국의 월세 보증금만큼의 모아놓은 돈도 없다.

부부관계는 어떤가. 아내 앞에만 서면 작아진다. 투잡으로 힘껏 일해도 원주민들의 반도 받지 못한다. "이놈의 나라는, 이혼하면 남자만 거지로 만든다." 여자에게는 이혼 수당까지 나온다. 왜 남자들이 혀 꼬부려 "허니~, 달링~."을 부르짖지 않겠는가. 아침밥을 못 먹으며 뼈 빠지게 돈을 벌 테니, 제발 버리지만 말아 달라는 생존 언어다. 아무리 사회보장이 잘되어 있다 해도 살아내기 힘들다.

한국인 남편들끼리 매달 모임을 한다. 만약 부부 동반하면 그날 밤에 집마다 폭파한다. 아들 아빠들의 "왜·사·라!"와 딸 아빠들의 "막·사·라!" 건배사 덕분에 이민 생활을 버틴다는 하소연이다. 이민자에겐 뭐니 뭐니 해도 '머니money'가 최고다. 꼭 쓰러지기 일보 직전에 일이 들어온다. 우리 부부와의 만남이 '링거 효과'라며 캐나다 가이드 남성이 환하게 웃는다.

이국땅, 캐나다만의 이야기였으면 좋겠다.

(2014년 1월 캐나다)

김씨네 편의점

'김씨네 편의점'은 인기 있는 시티콤sitcom이다. 한국에서 이민 간 부부가 운영한다. 매일 매시간 각양각색의 다문화 손님을 맞이하며 출가 전인 아들 정과 딸 재닛을 키운다. 이민자들의 애환이 좌충우돌이다. 땅은 캐나다이지만 정서의 실마리는 아직 이민 가던 시기의 한국이다.

"엄마, 낸시 엄마는 언제나 딸에게 칭찬만 해." 부모의 편의점에서 시급 아르바이트를 하는 딸에게 엄마는 눈만 마주치면 잔소리한다. 숙녀다운 말씨 옷차림 생활습관을 강요한다. 생김새도 민족성도 언어도 정체성이 헷갈리는 딸은 늘 어디로 튈지 모르는 탁구공이다. 재닛의 엄마는 매번 "너 때문에 내가 죽겠다."라고 엄살이지만, 아직 둘 다 건재하다.

편의점에 오는 낸시 엄마는 우아한 차림새와 상냥한 어조로 교양이 철철 넘친다. 그녀에게 식료품 하나를 팔아도 뭔가 명쾌하지 않다. 어느 날 그녀의 딸 낸시가 소모품을 사고 카드결제를 한다. "낸시, 이 카드 정지되었어." 그럼, 이 카드로 결제해 달라며 내민 카드도 잔액이 없다. 낸시 엄마는 날마다 립스틱 바르듯, 딸에게 칭찬은 하지만 경제만큼은 냉철하다.

  한국 부모들은 어떤가. 수저를 잡을 때부터 "안 돼!" 소리 지르고 "빨리, 빨리!" 닦달하며 말끝마다 꼭꼭 찔러 아이들에게 한풀이 상처를 준다. "해라"체의 말투로 죽여 살려 살벌해도, 있는 돈 없는 돈, 소 판 돈, 땅 판 돈, 허리띠 졸라매고 일해서 번 돈, 대출받은 돈, 노후자금에 연금까지 내어준다. 결코, 자식들이 윽박지르지 않았다. 고지서가 없어도 알아서 자진납부한다. 그들의 커피값, 옷값, 어학연수 비용, 해외 여행비, 결혼자금, 창업자금을 대주며, "미안해. 부모 잘못 만나서…" 천륜의 끈으로 묶어 죄인처럼 절절맨다.

  나라고 별수 있나. 슬하지정膝下之情의 황혼 육아로 영혼까지 탈탈 털리는 중이다.

MERS의 강

 며칠째 열이 자꾸 올라간다. 사나흘 그러다 낫겠지 했는데 점점 심하다. 아파트단지 내 이비인후과에 가니, 경계하는 눈빛으로 '음압' 시설이 갖춰진 큰 병원으로 가라 한다. 보건소에 신고할까 하다가 대학병원에 근무하는 친구에게 상황을 설명했다. 대중교통을 타지 말고 자가운전해서 응급실로 들어오라는 지령을 받았다.
 마른장마 무더위에 찜통 같은 응급실 앞, '선별진료소'로 갔다. 간이 천막에서 장갑과 마스크에 방진복을 입은 간호사와 의사가 차례로 맞이한다. 나는 고열에 시달리며 운전하느라 기진맥진한 몸으로 주소와 이름 생년월일을 손수 자필로 적고 사인했다. 내가 사는 지역이 몇몇 메르스 확진 환자가 있는 병원 근처라고 응급실은 아예 들어가 보지도 못했다. 죄인이 따로 없다. 나를 보는 눈이 독사나 전갈을 보듯 꺼린다. 병원 일대는 바이러스 오염지역처럼 여겨진다. 나는 그 위험지역으로 자진해서 걸어 들어간 것이다. 지금 우리나라 사람들은 TV 앞에 앉아서 속수무책 발이 묶였다.

  전쟁이 따로 없다. 어디서 들도 보도 못한 '메르스MERS'란 균이 쳐들어왔다. 6·25처럼 포를 쏘고 한강 다리를 끊는 전쟁이 아니라, 소리 없는 6월의 함성이다. 오늘 매스컴에서 본 확진 환자 번호는 147번이다. 나는 몇 번의 '수인囚人번호'로 분류될까? 정부가 무책임한 건지 언론의 선동인지 국민은 마스크를 쓰고 불신과 공포로 서로 의심하고 견제한다. 일부 지역 병원과 마을과 학교가 폐쇄되고 휴교 중이다. 남북 분계선 38선을 넘는 것도 아니면서, 38도가 넘는 몸으로 혼자 운전하고, 혼자 병원 가고, 혼자 검사실마다 가서 검사받고, 혼자 약국 가고, 그리고 혼자 집에 자가 격리되어 열을 식히고 있다.

  온몸의 근육통과 사지통으로 헛소리하고, 일어서면 헛구역질하고 누우면 머리가 쪼개진다. 잠시 열이 사그라지면 늪에 빠진 듯 진땀을 흘린다. 혀의 기호체계가 무너졌다. 맹물도 쓰지 않으면 달다. 먹은 것이 없으니 나오지 말아야 하는데 배 속의 창자마저 빠져나오려고 한다. 날이 갈수록 얼굴은 잘 익은 만두마냥 부풀어 오르고, 가위로 잘라도 아프지 않던 머리카락까지 아프다. 마른 옥수수염같이 푸석하더니 마침내 가닥가닥 빠진다.

그만하고 싶다. 10시간 넘게 산고를 틀던 며느리가 10분만 기다리면 남편이 도착할 거라 해도 "싫어, 싫어!"를 외치며 "끝내고 싶다."라고 소리치던 그 모습이 지금 내 모습이다. 그래도 산통은 길어야 하루 이틀이다. 진통제를 시간 맞춰 먹고 잠시라도 잠들면 잊힐까 싶어 밤과 새벽으로 수면제를 자꾸 넘긴다. 숨쉬는 일이 고통이다. 수업시간마다 기를 끓어 올리던 목청의 결절일까. 참는 것에 이력이 난 방광의 문제일까. 피를 토하고 썩어 문드러졌던 폐결핵의 재발일까. 폐만 신경 쓰느라 곁에서 관심 한 번 못 받고 슬며시 지나갔던 늑막염의 반란일까. 글 쓰느라 호두알 같은 뇌 속의 꽈리가 터졌을까. 그보다, 정말 메르스일까? 무엇이든 어떠한 병명이 나오든 아프기는 마찬가지. 이쯤에서 나야말로 끝내고 싶다.

아픈 것보다 심한 고통이 있다. "당신은 이기적이야." "당신은 공인으로서 비양심적이다." "스스로 의심이 되었다면 보건소에 자진신고했어야지." 남편의 비난이다. 늘 아플 때마다 미련하게 참으면서 버티는 꼴이 안타까워서 하는 말인 줄 잘 안다. 얼마나 아내를 잃을까 봐 겁이 나면 그토록 모진 말을 할까. 그러나 누가 이 지경을 상상이나 했나. 편도 좀 붓는 그까짓 고뿔 따위가 무슨 대수라고 병원을 간담. 여태까지 나는 감기에 걸리면 부주의했던 체온조절을 반성하고, 몸살이 나면 열심히 일한 당신 쉬라는 '축복'으로 여기며 보름 정도 빈둥거리다 보면 나았었다.

　그즈음 나는 서울로 경기도로 울산으로 강연를 다녔다. 어떤 모임은 내가 물어보기도 전에 무기한 연기되거나 취소되었다는 문자가 수시로 왔다. 정부에서도 공적인 문화행사일수록 무산되었다. 생업일지라도 사람들이 모이는 것을 극도로 자제하는 분위기다. 나도 걱정되어 사전에 몇몇 기간이나 모임에 상의했으나 과민한 반응이라며 일정대로 진행되었다. 경기 북부는 청정지역이라 괜찮다고 했던 '양주골문학회', K 중학교의 '학부모 인문학 교실', 찾아가는 '인문학 콘서트'의 H고등학교 3학년 학생들, 남편 동기회 12팀 부부동반 모임, 시월에 미국으로 출국할 시애틀 사람들, '에세이부산' 정기모임 등에 참석했었다. 같은 시간 같은 칸에 KTX를 탔던 사람들, 공항이나 기차역에서 마주쳤던 사람들, 몇 개의 지하철 환승역에서 스쳐 간, 사람, 사람들…. 점조직처럼 사돈에 팔촌까지 걸리지 않는 사람이 없다. 숫자가 엄청나다.

　남편의 말이 옳다. 내가 만약 확진으로 판명되면 그 많은 이들에게 일파만파 확산할 쓰나미를 어찌할까. 땡볕에 나앉아 석고대죄해도 용서받지 못할 죄인이 아무런 액션도 취하지 못하고 숨죽이며 숨어있다. 아픈 것은 나 혼자 끝내면 그뿐이다. 나와 상관없는 제3의 사람들은 어쩌란 말인가. 이 세상에서 가장 양심 없는, 개념 없는 사람이 될 것이다. 나는 아직 확진도 아닌 의심환자로서 '메르스 왕따'의 주홍글씨를 날마다 베갯머리에 수놓는다. 내가 평생 그 무슨 죽을죄를 지었다고 이 염천 더위에 화형火刑을 받아야 할까.

또 병원에 가는 날이다. 속옷가지와 세면도구를 담은 입원 가방을 들고 마스크를 쓴 채 다른 방에 기거하는 남편에게 거듭 카카오톡을 보냈다. 이 방에 있는 것, 통장 현금 금가락지만 빼고 몽땅 불태워요. 세일할 때 새로 사서 한 번도 입지 않은 진흙염색 치마와 속옷들도 있는데, 새것이라도 아깝다고 생각 말고 그냥 다 태워요. 책도 가구도 "태워요, 태워." 벌써 몇 번째 당부다. 병원에 갈 때마다 다시는 집으로 돌아오지 못할 것 같다. 내가 덥던 이불 침대도 그대로 다 태워버려요. 내 손이 닿았던 물건들을 하나도 밖으로 내 가지 못하게 했다. 이웃에게 친지에게 가족에게 방어벽을 치고 스스로 자가 격리했다. 그날따라 TV에서는 메르스 확진 환자로 아내가 죽었는데 남편도 자식도 화장터에 가지 못하고 의료진들이 마지막 편지를 대신 읽어주는 영결식 장면이 나온다.

나도 이렇게 말하고 싶다. 남편한테 그동안 수고했다. 내 곁을 지켜주어 고맙다. 아들들에게 엄마의 아들로 태어나 주어서 고맙다. 다만 며느리들에게 미안하다. 이제 갓 시집와서 사랑해줄 시간이 짧았다. 그리고 나에게 독백한다. 여한 없이 힘껏 살았다. 오늘 삶이 끝날 수도 있는데, 기약할 수 없는 내일을 위해 너무 애쓰고 살았다. 그동안 가족과 지인들에게 분에 넘치는 사랑을 받았다. 모든 삼라만상에 고맙다. 시시각각 변하는 아내 카미유의 주검 빛깔을 그리던 빛의 화가 모네처럼 문득, 이런 문구가 떠오른다. "내게 너무도 소중했던 한 여인이 죽음을 기다리고 있고, 이제 죽음이 찾아왔습니다." 나는 자신의 상태를 타인처럼 관망하고 있다.

오버라고? 너무 앞서 멀리 갔다고? 그만큼 나는 날마다 절박했다. 인도印度의 카스트제도가 있다. 그 제도에 비유하자면 나는 2단계 정도는 오르고 싶어 안간힘을 쓰며 살았다. 내리자. 내려놓자. 만약 살 수 있다면, 고지를 하향 조정하여 3등급으로 낮출 것이다. 4등급인 하위에 두기에는 그동안 쌓아 온 공이 아깝다. 우선 일을 줄이겠다. 노력도 사치다. 기도문처럼 빌었다. 오직 내게 남은 것은 열에 들끓는 몸뚱이뿐인 줄 알았는데…, 어디에 저장되었다가 나오는지 눈물이 줄줄 흐른다. 엎드려도 미어지듯 가슴이 조여 온다.

또 나락으로 까부라진다. 어딘가 가고 있다. 기찻길이다. 파꽃이 민들레 홀씨처럼 하얗게 폈다. 파꽃에 벌이 날아든다. 고무신을 들고 파꽃에 앉은 벌을 잡아 빙빙 돌리다 힘껏 내리쳤다. 내팽개쳐진 고무신 안의 벌이 꿈쩍도 하지 않는다. 나는 깊은 잠속에 들었다.

"휴우~!" 편안하다. "어라!" 그런데 손가락 하나 움직일 힘이 없다. 온몸은 물에 빠진 생쥐가 되었다. 열흘 넘게 내 몸을 태우던 아궁이가 물 끼얹은 듯 식었다. 같이 뛰던 〈비정상회담〉 멤버들도 나가고, 〈시월드〉 수다쟁이 게스트들도 나가고, 〈썰전〉과 〈강적〉의 멤버들도 다 나갔다. 마치 단체 줄다리기에서 애만 쓰다가 나만 줄 밖으로 나동그라진 느낌이다. 빈방에 우두커니 홀가분하다.

요단강, 그 강의 다른 이름 '메르스의 강'에서 허우적거리다 겨우 기어 나왔다. 메르스 의심환자라고, 선별 진료한다고, 자가 격리로 입원도 안 받아주고, 그 흔한 수액 링거 한 대도 혜택받지 못하고 혼자 창과 방패를 들고 강의 언저리에서 맞섰다. 대책 없이 치솟던 간 수치와 백혈구 수치와 싸웠다. 고열에 시달린 지 보름 만에 알아낸 병명은 '급성 B형 간염'이었다.

그제야 그동안 보이지 않던 핸드폰 문자가 보인다.

〔D 대학교병원 이용 안내문〕

D 대학교 병원에 입원한 메르스 환자는 최첨단 음압격리병실에서 치료 후 완치되어 25일 퇴원하였습니다. 퇴원 후 철저하고 광범위한 방역 소독을 시행하여 병원의 이미지를 계속 유지하고 있습니다. 또한, 메르스 의심환자를 철저히 분리 진료하는 선별진료소를 운영하고 있으며, 열 감지 카메라 등을 통해 의심환자의 병원 방문을 원천 차단하고 있습니다. D 대학교병원은 부산 유일 국가지정 메르스 거

점치료병원이자 국민 안심 병원으로 엄격한 감염관리로 환자 안전에 완벽함을 행하고 있사오니 안심하고 내원하여 진료를 받으실 수 있음을 알려드립니다. D 대학교 병원장 김OO

"야, 지금 너희 뭐 하는 거야!" "너희도 죽도록 아파볼래?" "나, 그동안 너희에게 방치되었었잖아. 너희가 선별 진료라는 이름으로 병원 밖에다 나를 내버렸었잖아." "원천 차단! 웃기고 있네." 소리치고 싶다.

그래도 입원했다가 메르스에 노출되는 최악의 상황보다 나았던 거라고, 나뿐만 아니라 대한민국 온 국민이 메르스 공포에 시달리며 마비되었던 국가의 비상사태였다고, 너는 하필 그때, 왜 아팠느냐고, 시기가 시기인 만큼 국민의 한 사람으로서 이해해야 한다고 스스로 달래고 위로한들, 나는 몹시 아팠었다. 그중 마음을 추스르기까지 '비양심적'이라는 남편의 비난이 가장 무서웠다.

담당 주치의 의사는 병원 측의 대변인처럼 "우리도 '프로패셔널'이기 때문에…, 적극적으로 도와드리지 못한 걸 이해하시겠죠?" 동의를 구한다. 그러나 나는 내 목숨을 담보로 남의 전문 업종을 지켜줄 만큼 마음의 여력이 없다. 로마에 가면 로마법을 따라야 하듯, 병원에 가면 의사의 말을 따라야 한다. 의사는 환자에게 신神이다. 극락왕생 부처보다 천국의 예수보다 눈

MERS의 강

앞에 살아있는 현신現神이다. 신의 은총만을 기대하던 나는 당했다는 억울함이 크다. 선별진료비 특진비 각종 검사비 초음파 비용을 다 냈다. 물에 빠진 사람 건져내니, 내 보따리 내놓으라는 격이라고 말할 수 있다. 어쨌든 나는 죽지 않고 살았다. 누가 피해자고 누가 가해자인가. 그 누구의 잘못도 아니다. 단지 나는 재수가 없었을 뿐이다. 아무리 너그러운 척해도 화가 난다. 그런데 슬픈 건 화낼 기력이 없다.

메르스 잠복 기간 2주 후 2015년 6월 30일, 나는 감염내과에서 간 센터로 이적되었다. 노련한 간염 내과 선생님 말씀, "그동안 혼자 참아내느라 수고하셨어요, 큰일날 뻔했습니다. 메르스하고는 아무 상관이 없습니다." 뭐라? 그럼 나를 졸업시킨다며 "아직도 메르스 균을 배제할 수는 없습니다."라고 말하던 프로패셔널한 젊은 의사의 소견은 도대체 무슨 횡포인가.

신神은 더러 나락이거나 지옥이다. 메르스라는 강물 위에 남편에게 풀어 놓은 내 쌈짓돈만 둥둥 떠다닌다.

※ 메르스(중동 호흡기 증후군) : 과거 사람에게서는 발견되지 않는 새로운 유형의 코로나바이러스 감염으로 인한 중증 급성 호흡기 질환으로, 최근 중동지역의 아라비아반도를 중심으로 주로 감염환자가 발생하여 '중동 호흡기 증후군'으로 명명되었다. -네이버 지식백과-

Innisfree, 그곳

왜 하필 아일랜드냐고? 아일랜드, 어쩐지 아련하게 슬펐다. 그곳에 가고 싶다. 여름내 메르스 의심환자로 자가 격리되어 있었다. 사경에서 빠져나오니, 문득 '지금 아니면 언제?' 벌떡 일어나 영국행 비행기를 탔다. 부산 – 김포 – 인천 – 런던 – 아일랜드 더블린까지 꼬박 20시간 만에 도착했다. 더블린에서 작은 자동차 한 대를 빌렸다.

아일랜드에 도착한 날도 눈물처럼 비가 내렸다. 매일 하루 한두 차례씩 하늘이 내려앉듯 컴컴해지며 쏟아졌다. 초록의 지평선과 넓은 하늘에 비해 사람과 차가 지나가는 길은 구불구불하거나 절벽이다. 온몸이 오므려 든다. 운전대 방향은 반대였으며 길은 차 한 대가 겨우 비켜 가는 외길이다.

그가 쏘아붙인다. "너 때문에 아일랜드에 왔다." '덕분'이라고 할 줄 알았다. 그래, 나는 무엇 때문에 왔을까. 문학인가. 사람인가. 도피인가. 객기인가. 정녕, 문학인으로서 노벨문학상을 탄 작가가 4명이나 있어서 왔을까. 그럴지도 모르겠다. 예이츠의 고향 이니스프리, 그곳에서 쉬고 싶었다. 내비게이션을 슬라이고에 맞추었다. 평소에 화장기 하나 없는 내가 우리나라 화장품 광고의 메카인 '이니스프리'를 선택한 것은 귀소본능이었을까.

아일랜드는 길 찾기가 어렵다. 유럽형 톰톰 내비게이션과 태블릿에 내려받은 GPS Sygic 내비게이션을 번갈아 본다. 하나는 시간 위주의 고속도로를 안내하고, 하나는 세세하게 작은 골목까지 안내한다. 두 대가 같이 작동하니 무음으로 설정해도 다른 길이 다 보인다. 아일랜드는 좁은 길이 거미줄처럼 두서너 겹으로 얽혀있거나 일방통행도로다. 자칫 잘못 빠져나가면, 각 지방으로 가는 고속버스터미널에서 2시간 거리다. 여태까지 목적지를 눈앞에 놔두고 인생을 허비한 꼴이다.

예이츠의 고향을 찾아가는 길도 그랬다. 유럽에서 농가 민박을 잘못 들어가면 외양간에서 재워준다는 우스갯소리가 있다. 우리나라처럼 인터넷이 팡팡 터지는 곳도 아니다. 유심칩SIM이나 에그Egg를 준비해 오지도 않았다. B&B 주인은 인터넷으로 투숙할 사람의 사진과 직업을 보고 OK 승인을 한다. 그러나 그들은 집 주소를 정확하게 밝히지 않는다. 그들은 무려 8백여 년 동안, 침략과 수탈을 당한 민족이다. 예를 들어 부산시 해운대구 마린시티까지만 밝히고 집 그림을 보여준다. 현지 도착

하루 전이나 당일 아침에 어디 어디로 찾아오라는 E메일을 다시 보내온다. 낯선 나라를 여행하면서 어찌 날마다 실시간 메일 확인으로 간첩처럼 접선할 수 있겠는가. "저 푸른 초원 위에 그림 같은 집" 앞에는 양과 소와 말들의 천국이다. 정작 길을 알려 줄 사람은 보이지 않는다. 설령 찾았다 하더라도 무궁화 민박이라 해놓고, 도착해보면 로즈 민박이다. 동양의 유색인이 겁나는 건, 어쩌면 당연한 일일지도 모른다.

슬라이고에 들어서니 비까지 내려 더 서글프다. 앞서가는 차도 없다. 안개까지 마중 나와 한 치 앞이 다 뿌옇다. 과연, "가진 것이라고는 오직 꿈뿐이라, 그대 발아래 내 꿈을 펼친"다는 예이츠의 마을, 이니스프리는 나올까?

    나 이제 일어나 가리라, 이니스프리로 가리라
    가서 잔가지 엮고 진흙 발라 오막살이 하나 지으리
                              - 예이츠, 〈호수 섬 이니스프리〉

나왔다. 몇 날 며칠 몇 개의 찾기 힘든 숙소를 거쳐 고풍스러운 성 앞, 숲속의 '캐슬뷰 B&B'에서 아침 햇살을 바라본다. 온통 은빛 물결이다. '그곳에 가고 싶다.'라는 생뚱맞은 지름신이 빚어낸 정경이다. '이미 지난 일은 탓하여 소용없음을 깨달았고, 앞으로 바른 길을 좇는 것이 옳다는 것을 깨달았다. 내가 인생길을 잘못 들어

헤맨 것은 사실이나, 아직은 그리 멀리 벗어나지 않았다.'라고 말하던 도연명의 귀거래사처럼 지금 이곳, 나는 이니스프리에 왔다.

> 내게 금빛과 은빛으로 짠 하늘의 천이 있다면 ~
> 그 천을 그대 발아래 펼치련만 ~
> 나는 가난하여 가진 것이라곤 오직 꿈뿐이오니
> 그 꿈을 그대 발아래 펼치나이다
> 사뿐히 즈려밟고 가시옵소서
>
> — 예이츠, 〈하늘의 천〉

어쩌면 유토피아는 각자 마음에 있을지 모른다. 실제로 이니스프리 섬은 무인도다. 그다지 아름답지도 않다. 우리나라의 산정호수나 청평호수 혹은 남해의 작은 섬들도 이니스프리 정도의 절경은 다 지니고 있다. 작가가 글을 잘 써야 하는 이유다. 노벨문학상을 탄 예이츠의 시詩 안에 지명이 있기에, 이니스프리를 꿈꾼다. 섬 일주를 하는데 선장이 마이크를 잡고 시를 읊으면, 유람객들이 '이니스프리로 가리라.' '이니스프리 섬으로 가리라.' 마치, 아리랑의 후렴구처럼 함께 읊는다. 그 모습이 부러워 나는 한 편 더 읊는다.

살어리 살어리랏다/ 청산애 살어리랏다/

멀위랑 다래랑 먹고/ 청산애 살어리랏다/
얄리얄리 얄랑셩 얄라리 얄라

– 〈청산별곡〉

그리하여 아일랜드에서 무엇을 얻었느냐고? 하고 싶은 걸 하자. 언젠가 몸과 마음과 경제가 여유로워지면, 나중에, 나중에…. 정말 '나중'이라는 시간이 나를 기다려줄까. 누구도 나의 꿈을 기억해주지 않는다. 음압시설이 갖춰진 대학병원에서 선별 진료를 받으며, 다 태워버리려던 잡동사니와 잡념들. 나는 그때 아까울 것이 없었다. 내 안에 내가 너무 많아 하마터면 메르스의 강에 꿈을 익사 당할 뻔했다.

나 이제 일어나 가리라
밤이나 낮이나 내 귓전에
호숫가 찰랑이는 물소리 나지막이 들리기에
대로에서도 잿빛 보도에 서 있을 때도
아! 그 소리 언제나 가슴속 깊이 저며 드네

호수 섬, 이니스프리를 마음의 배경으로 삼는다. 걸을 수 있으면 떠날 수 있다. 얄리얄리 얄랑셩 얄라리 얄라! 살아있다는 것은 찰랑거리는 이니스프리의 물결, 바로 내 숨소리다.

가파른 사랑
- 아일랜드 모허 절벽

    개선문이 보이는 순간, 탄성을 질렀다. 엽서에서만 보던 그림이 실제로 눈앞에 나타났다. 그러나 세상에 파리의 개선문처럼 멋대가리 없는 풍경이 있을까. 프랑스 사람들이 자랑스럽게 여기는 개선문에 '대가리'라고 붙이는 망발은 심하다. 그만큼 처음 보는 감흥이 컸다.
    아일랜드에서 웬 파리냐고? 어느 날 문득, '저기 가고 싶다.'라고 주사위 던지듯 한마디한다. 남편은 혼자 몇 달 전부터 바쁘다. 나는 내가 하는 일에만 몰두한다. 그럴 때, 이 남자는 약발이 극에 달한다. 참다, 참다 도서관에서 한꺼번에 여행책을 한 아름 빌려와 공부 좀 하라고 다그친다.
    이탈리아로 떠나기 전도 그랬다. 그리스로마신화 1, 2권 로마의 역사 등등 몇 권을 읽었다. 나중에는 신들의 이름이 복잡하여 머리가 쇠 수세미처럼 얽혔다. 그냥 '류창희' '김ㅇㅇ'이라고

하면 될 것을. '아'자만 해도 아가멤논 아낙사레테 아누비스 아
도니스 아레스 아르고스 아르테마스 아리스토파네스 아리아드
네 아마존 아비도스 아이게우스 아이기스토스 아이스퀼로스
아이아스 아이올로스 아이트라 아이티오페이아 아울리스 아크
로코린토스 아킬레우스 아테나 아테나이 아티카 아폴론 아프
로디테 아피스…, 아, 아, 아…. 아연실색, 꼴깍 숨이 넘어갈 판
이다. '사랑의 테마로 읽는 신화의 12가지 열쇠'가 나에게는 자
물통이다. 막상 로마에 도착했을 때는 내가 기억하는 장소와
신의 이름이 다 헷갈렸다. 여행 내내 나는 역시 머리가 안 된다
는 자괴감에 빠졌다. 책을 많이 읽고 갔던 이탈리아 여행이 여
행 중 가장 실패했던 기억이다.

나는 도시의 이름과 거리 위치를 나열해 지리 교과서를 편
찬하려고 가는 것이 아니다. 날마다 변하는 그 나라의 환율
이나 버스노선이 들어있는 안내 책자를 낼 것도 아니다. 손가
락 두드려 나오는 정보는 인터넷 안에 실시간으로 가득하다.
그래서 나는 가는 곳에 대해 미리 공부하지 않기로 마음먹었
다. 그는 나의 억지가 못마땅하다. 그러나 어쩌랴. 나는 내 느
낌이 소중하다.

모허 절벽이 그랬다. 그냥 맞닥뜨려 보는 거다. 선입견만큼 감
성의 말살은 없다. 지식이 얕을지라도 내 눈에 보이는 만큼만
느낄 것이다. 첫 느낌을 학습 당하는 것은 테러다. 어디든 갔

다 와야 뒤늦게 관심 두고 그곳이 보이기 시작한다. 사람도 그렇다. 짝지와 7년간 연애하면서 점점 매력에 빠져들었다. 가고 싶은 나라도 첫 느낌에 맡기고 싶다. 어디든 누구든 사람 사는 곳은 다 비슷하다. 먹고 잘 곳은 다 있다. 그곳에서 그들의 문화를 눈치껏 어렵사리 더듬더듬 경험해보는 거다. 우리의 인생이 연습이 없듯, 발길 닿는 대로의 여행이 맞고 틀리고의 정답이 없다. 가슴 뭉클했던 풍경과 사람들을 떠올리며 다녀온 곳을 추억한다.

내가 만약 먼저 영화 〈라이언의 딸〉을 먼저 보고 갔더라면, 아름다운 풍경 앞에서 영화감독 '데이비드 린'의 눈으로 보았을 것이다. 물론 그래서 놓치는 부분도 많다. "아, 저기 가면 저걸 봐야 하는구나!" 남편은 못내 한숨을 토로한다. 나는 아무렇지도 않다. 아쉬움이 있어야 다음 기회를 또 마음에 품는다. 여행 후기를 쓰면서 아는 척, 잘난 척, 있는 척, 삼척동자를 기록하려는 것이 아니다. 지난여름 매우 아팠다. 겸손한 척, 우아한 척 '척척'이 그 순간에는 부질없었다. 당분간은 내 감정에 충실해지고 싶다.

영화 〈라이언의 딸〉 첫 장면은 절벽 위에서 떨어뜨린 양산을 절벽 아래에서 낚시하던 신부와 바보가 줍는다. '1916년, 영국으로부터 독립운동을 벌이는 격동의 아일랜드 시절, 자유분방한 처녀 로지는 소심한 초등학교 교장 찰스와 결혼한다. 그러나 신혼 첫날밤, 찰스와의 관계에서 크게 실망한 로지는 곧 결혼생활에 지루함을 느낀다. 그리고 근처 영국군 캠프의 부상당한 영국군 장교 랜돌프 도리안에게 매혹되어 열정적인 사랑에 빠져든다.' 모든 걸 알고도 말없이 눈감아 주는 남편이 아내의 불륜을 '한때의 로맨스'라고 이해하며 영화평론은 아름답게 미화한다.

세상의 어느 남자가 아내의 불륜을 아름답게 바라볼 수 있을까. "하늘에서 별을 따다 하늘에서 달을 따다♬" 그대에게 모두 드리겠다고 맹세했던 나의 남편도 어림없는 소리다. 비록 영화로는 실패했다지만, 거친 파도와 매서운 바람은 컴퓨터가 그려낸 그래픽이 아니다. 크롬웰이 아일랜드를 처음 정복하였을 때, 그곳 사람들에게 '살고 싶은 자는 섀년강을 건너라.'고 했을 정도로 자연환경이 사나운 곳이다. 실제 경치와 실제 비바람 속에서 찍었다고 한다. 세계 사람들이 모허 절벽을 찾는 이유다.

모허 절벽의 경관보다 나는 아내의 불륜까지 감싸 안아주는 영화 속의 남편이 더 절경이다. 거센 바람 앞에 핑크빛을 내뿜는 모진 히스 꽃과 같은 아슬아슬한 사랑. 그렇다고 뒤늦게 벼랑 끝으로 떨어지는 양산 같은 사랑을 꿈꾸는 것은 아니다. 무엇이든 내가 하는 모든 것을 다 받아줄 것 같은 남편이 이제는 혈족血族 같은 느낌이다. 같이 산 세월이 검은 머리가 파뿌리 된 우리를 아일랜드 모허 절벽 앞에 데려다 놓았다. 새삼 무엇이 겁날까. 길 위에서 함께 죽어도 아쉬울 것도 아까울 것도 없다.

　나는 늘 감성을 꿈꾼다. 집의 아이들이 분리 독립하자마자, 남편은 숙제를 마친 듯 직장을 그만뒀다. 그는 여태까지 월급을 벌었다. 이제 그는 시간을 벌 차례다. 직장인이 받는 월급이란 것은 딱 한 달 생활비로 쓸 만큼만 주어지기 때문에 모이지 않는다. 시간도 그렇다. 뭐든 있을 때 써야 한다. 나 혼자 날마다 시간제로 일하며 어디론가 함께 떠날 자금을 마련한다. 일할 수 있는 한 그러기로 마음먹었다. 요즘 우리 부부가 함께 읽고 있는 책은 《다 쓰고 죽어라》. 인생이란 "오로지 하나의 가파른 절벽을 기어오르다가 정년의 시간이 되면 벼랑 끝으로 추락하는 것이 아니다."라는 문구에 마음의 깃발을 꽂았다.

　모허 절벽에서 중년의 프랑스 부부를 만났다. 이산가족 상봉하듯 서로 얼싸안았다. 며칠 전에 '테이호 호수' 앞에서 만났던 반가움이다. 피부 빛깔은 달라도 동서양을 막론하고 부부의 사는 모습은 비슷한 것 같다. 동지애를 느낀다. 절벽을 배경 삼아 함께 사진을 찍었다. 그들도 가파른 사랑은 영화로 대리만족할 것이다. 그리고 밋밋한 일상으로 돌아와 오늘도 우리처럼 추억을 곱씹으며 한 침대에서 잠들 것이다.

4부

봄의 질주

나는 럭셔리하다
봄의 질주
야영장, 낯선 풍경
빵
고흐의 환생
내비아씨의 프로방스
사달
별을 품은 그대
shall we dance?
책 읽는 침대

나는 럭셔리하다

　나는 럭셔리한 것을 사랑한다. 럭셔리한 것은 부유함이나 화려한 꾸밈에 있지 않다. 그것은 비속卑俗한 것이 없을 때 비로소 생겨난다. 비속함은 인간의 언어 중에서 가장 흉한 말이다. 나는 그것과 늘 싸우고 있다. 진정으로 럭셔리한 스타일이라면 편해야 한다. 편하지 않다면 럭셔리한 것이 아니다. 20세기 패션계에 혁명을 일으키며 프랑스 패션을 세계에 알린 '코코 샤넬'의 스타일이다. 삶의 스타일도 다르지 않다. 럭셔리해야 한다. 그렇지만 비속하면 안 된다.

(2013년 7월 남프랑스 그라스)

봄의 질주

스무 살 무렵, 봄이 올 것 같지 않았어요. 1976년 교내에서 연극영화과 학생들이 올린, 안톤 체호프의 연극 〈벚꽃 동산〉을 함께 보았어요. 그와 나는 그때부터 화사한 벚꽃 동산을 꿈꿨을지 몰라요.

> 모든 걸 우물 속에 내동댕이치고 떠나는 거야. 그리곤 바람처럼 자유로워지는 거야. 너무 멋져. 나의 영혼은 밤이건 낮이건 어느 때를 막론하고 형용할 수 없는 예감에 넘쳐있어. 나는 행복을 예감해.
> ― 체호프, 〈벚꽃 동산〉 대사 중에서

지난여름, 독일에서 자동차를 빌렸어요. 남프랑스 지역 스물세 개의 야영장을 돌며 "원 텐트! 투 피플!" 줄곧 두 마디만 했죠. 그는 버킷리스트 중에 190킬로 이상 밟고 그린젤패스와 푸르카패스를 달려보고 싶다 했어요. 나는 멈춤이 좋아요. 쪼그리고 앉아 풀꽃을 내려다보는 것이 좋고, 텐트 안이 좋고, 미술관이 좋고, 꽃그늘이 좋고, 빈 의자가 좋아요. 전생에 숨차게 달렸었는지 쉬어도, 쉬어도 또 쉬고 싶어요.

능소화 빛 민소매 원피스를 입고 노브래지어와 맨발로 니스 해변을 걷고 싶었어요. 그는 베르동 협곡으로 들어가서야 숨 고름을 하더군요. 질주하는 사람들은 제왕이 되고 싶은가 봐요. 알프스를 향하여 탈출하듯 '나폴레옹 가도'를 달렸어요.

프로방스는 마치 오픈카 전시장 같았지요. 클래식 오픈카를 운전하는 사람들의 표정은 마치 〈태양은 가득히〉 주인공들처럼 보였죠. 우리는 손바닥만 한 햇볕도 가리는데, 그들은 뜨거워도 화끈하게 노출하더군요. 태양의 신, 신전 수준으로요. 올드 오픈카일수록 들어보라는 듯, 드렁 드르렁 연륜의 쇳소리가 우렁찼어요.

왜 독일에서 차를 빌렸느냐고요? 독일은 고속도로를 쌩쌩 달려도 속도위반 벌금 고지서가 날아오지 않는다고 했어요. 세계만방 사람들에게 히틀러가 저지른 독재를 사과하는 의미라는데…, 정말 그럴까요? 결국, 독일 차 BMW나 벤츠가 잘나간다는 광고 효과를 얻어내니, 아직도 아우슈비츠 가스실처럼 자동차의 독식으로 여겨집니다.

속도감은 젊은이들의 전유물인 줄 알았어요. 지그재그 길을 치고 올라가던 그들이 헬멧을 벗는 순간, '길 위에서 죽어도 좋아'의 폭주족은 은발의 장년들이었어요. 젊은 날, 열심히 일한 보상으로 남의 눈치 안 보고, 당당하게 자신의 삶을 즐기는 그들이 부러웠어요.

형형색색의 자동차와 공중에 매달려서 서서 앉아서 누워서 엎드려서, 날고 달리는 기구들. 경비행기, 패러글라이딩, 카이트서핑, 요트, 오토바이, 자전거, 스키 등을 타고 생의 마지막 순간처럼 질주하는 별별 나라, 별별 사람들. 그 대열에 합류하여 저희 부부도 꿈결처럼 알프스산맥을 넘었지요.

인생은 '일장춘몽一場春夢'이라 했던가요. 저 멀리 벚꽃 동산에서 도끼 소리가 들리는군요. 사나흘 고뿔 한번 앓고 나면 봄꽃은 지죠. 그와 나, 어느덧 화갑華甲입니다. 다시 봄, ♩ 도돌이표. 도로 제자리로 돌아왔어요. 곳곳에도 바람이 불더라고요. "그대여! 그대여! 그대여!" 봄바람 휘날리며~~ 좋아요~♬ '벚꽃엔딩'. 연분홍 시절이 막을 내리고, 다시 촉촉 차오르는 연둣빛의 향연인가 싶더니…. 아~아, 어느덧 유월. 2023년 유월의 초록이 점점 초록抄錄한 계절입니다. 머지않아 칠월의 청포도가 알알이 알아서 익어가겠죠. 함께 돌아갈 먼 훗날을 위하여 정갈한 백포白袍를 마련하겠나이다.

야영장, 낯선 풍경

 비 내린 숲속의 버섯처럼 금세 몇 동의 작은 텐트들이 자리 잡았다. 이곳은 스위스 인터라켄 야영장이다. 이른 저녁을 먹고 인도사람들의 휴양지 마을을 산책하고 나오는 길이었다. 얼마 만에 들리는 한국말인가.
 열댓 명의 중년 남녀들. 당연히 부부는 아니다. 이탈리아에서 시작해 이곳 스위스가 일정의 끝이라며 내일 한국으로 돌아간다고 한다. 그들은 여느 여행객들과 달리 일사불란하게 맞잡은 손놀림으로 순식간에 텐트를 치고 걷고 호흡이 척척 맞는다. 유럽 야영장들은 가족이거나 부부 또는 연인들로 단출하다. 우리나라처럼 단체가 몰려다니는 모습은 거의 없다. 야영장에선 대부분 전기를 제공하는데, 그들 일행은 밥솥 프라이팬 포트 등 전기제품이 없어 아무것도 할 수 없다. 우리 밥솥은 2인용이라 도울 방법이 없다. 전기 포트도 물 두 컵용이다.

우리나라 소도시 J 지역의 산악자전거 동호회라고 한다. 베르동 협곡과 구르동 계곡, 샤모니와 몽블랑을 넘어 산속에서 가스버너를 사용한 가벼운 '가스족'이다. 야영장 근처에서 휴대용 가스를 구할 수 없으니, 하룻밤 비만 피해 머물다 후딱 떠나는 번갯불이다. 그들은 몸 근육이 근사하다. 그러나 나는 그들의 몸매가 부러운 게 아니다. 가족 외의 이성 사람들과 낭만을 즐기는 그 자유가 마냥 부럽다.

  그들은 머물기 위해 정착하는 게 아니라, 자전거 페달 위에 두 발을 얹기 위해 정착한다. 정착의 차원이 다르다. 유명한 곳을 둘러보며 인증 사진을 남기고 쇼핑하는 관광객이 아니다. '동호회'라지 않은가. 서로 좋아하는 것을 목적으로 함께하는 그들의 행보가 멋지다. 멋지다고 다가가 치근대면 비루하다. 반가움은 원터치 텐트 접듯 재빠르게 접어야 한다. 그리움에 지치고 울다가 지쳤더라도 고향 까마귀는 잠시 잊자. 아들의 여자 친구 맞이하듯, '어디에서 오신 뉘신고?' 호기심을 보이면, 참으로 눈치코치에 개념까지 없는 촌스러운 한국 아줌마가 된다. 혹, 일주일 전 어느 곳에서 만난 적이 있었더라도 처음 보는 듯이 슬쩍 눈인사만 건네야 한다. 그것이 바로 세련된 여행 예절이다. 하룻밤이 만리장성이라는데, 어젯밤 현지에서 만난 파트너와 동행할지도 모른다. 굳이 죽기 전에 봐야 할 비경이라면 TV로 〈세계테마기행〉만 봐도 된다. 여행이란, '길 위에서 사람을 만나는 여정'이다. 짐작만 할 뿐, 청춘 남녀에게 "신혼여행 오셨어요?" 지 대한 관심을 보이면 곧바로 바리케이드를 친다. 혹여 말문을 텄더라도 여행 장비 이야기나 여행지의 에피소드, 내일 가는 곳 정도의 교통정보 수준이어야 한다. 괜히 사람의 관계에 색안경을 끼면 역광이 내친다.

  니스로 넘어가는 길, 내비게이션이 외길 용수철이다. 산 그림자 깊은 곳에서 우리가 찾아야 할 야영장은 도무지 나타나지 않는다. 나의 심술 통이 거꾸로 매달렸다. 남녀 동호인들의 자유분방을 봤기 때문이다. 마음은 조급하고 몸은 피로하다. 서로의 능력을 한탄하며 비아냥거린다. 도로도 딱 차 한 대가 비껴갈 비탈길이다. 나는 불안하여 불빛 보이는 마을로 가서 농가 민박이라도 찾아보자 하고, 남편은 빨리 니스를 지나 알프스를 오르자 한다. 표지판도 가로등도 없다. 그 와중에 한적하고 예쁜 마을이 계속 나타나더니 드디어 양들이 뛰노는 초원이 파노라마다. 콸콸 쏟아지던 심술도 지쳤는지 시들하다. 문득 '너무'라는 단어가 자막처럼 지나간다. 뜨거운 기운이 목울대까지 차오르더니 대책 없이 눈앞이 물안개다. 그렇다. 너무 아름다워 주체할 길 없이 눈물이 쏟아진다. 지금, 뭐 하고 있는가. 그까짓, 날마다 자는 잠자리. 야영장이 없으면 호텔로 가면 되고, 호텔이 없으면 차 안에서 자면 되고….

  마음을 내려놓으니 멀리 산자락에 무지개가 떴다. 탄성이 저절로 나온다. 풍경 한 번 그윽하게 바라볼 여유 없이 달렸다. 어쩌면 여태까지 살면서 바로 앞에 보이는 무지갯빛 인생을 외면하고, 투덜투덜 남의 떡을 바라보며 입방아를 찧었을지 모른다. 지금처럼 길 모르고 멋모르는 낯선 곳으로 들어가, 강과 산골짜기에서 헤맸을 것이다. 아예 길모퉁이에 자리를 폈다. "오호~!" 내일은 내일의 해가 뜰 것이다. 내일 아침용으로 구매한 바게트와 살라미, 체리와 청포도를 차렸다.

  길 건너 뾰족지붕 안에서, 금발 남정네가 커튼 뒤에 숨어 총부리를 겨누고 있을지도 모른다. 코 높은 그는 낯선 동양인이 몹시 겁날 것이다. 분명하다. 실제 커튼 자락이 미풍에 흔들렸다. '걱정하지 말아요, 그대.' 우리 부부는 당신들이 거주하는 고을에서 마음의 평정을 찾았을 뿐이라오. 해칠 생각은 조금도 없으니 '우리의 살짝 입맞춤 정도에는 눈을 감으시오.' 어디서 생긴 배짱인지 창문 밖의 로맨스까지 한 자락 펼치려고 한다. "여보야, 아름답다! 여보, 너무 아름답지?" 카메라를 꺼내 들고 여기저기 셔터를 누르다가, 앵글의 초점을 뾰족지붕 밑의 제라늄 꽃 화분이 가득한 창가까지 들이댔다. 그제야 그들도 황급하게 창문을 닫는다. 아~ 아름답다. 남편 앞에 빨강머리 앤처럼 풀꽃 소녀가 된다. 하늘 햇살 풀과 꽃, 무지개와 삽상한 바람…. 어쩌면 모네의 붓끝이 〈풀밭 위의 식사〉로 우리 부부를 터치했을지도 모른다.

결국, 우리는 알프스산맥으로 오르지 않고 남의 편 내 편 없이 한편이 되어 마을 쪽으로 내려왔다. 줄지어 하얀 캠핑카들이 보인다. 9시 넘어 옆 캠핑 가족의 전등 빛에 의지해 텐트를 쳤다. 초승달을 보고 시작한 행보가 어느덧 그믐달이다. 달보다 별빛이 총총한 밤, 별빛마저 텐트 밖으로 서둘러 나간다. 인생은 잠자는 가운데 발효되고, 잠 깨는 순간, 희망이 솟아오른다.

빵

 "빵~~~!" 길게 경적이 울린다. 화들짝 놀라 텐트 밖으로 나갔다. 자유로운 나라라며, 이런 나라도 민방위 훈련을 하는구나. 니스와 칸 사이 야영장이다. 다시 "빵~~~." 여운이 길다. 사람들이 한 방향으로 부지런히 걷는다. 뛰는 사람도 있다. 무슨 상황인지 몰라 뒤꽁무니에 바짝 따라붙어 빠른 걸음으로 뒤쫓았다.

 야영장 마당에 탑차 한 대가 있다. 벌써 사람들의 줄이 길다. 어른과 아이들 강아지도 안고 있다. 대피하는 분위기는 아니다. 머리카락은 부스스하여도 눈빛만은 반짝반짝 호기심이다. 진짜 빵, 빵, 빵이었다. 고소한 냄새에 모락모락 김까지 난다. 따끈한 크루아상 바게트…, 갓 구운 유럽의 빵은 다 있다. 얼굴빛이 다른 인종은 우리 부부뿐이다. 크루아상 4개와 바게트를 치켜들고 개선장군 지휘봉처럼 걸었다. 아침마다 딸랑딸랑 소리 내며 깨우던 두부 장수처럼 새벽을 알리는 기상나팔이다. 그날 즉석 빵 차가 여름날의 삽화다.

 엽서 한 장만 한 책 한 권을 받았다. 새로운 형식의 가볍고 작은 방민 선생의 《글이 무서워》 책이다. 불과 한 달 전쯤, 어느 문학 잡지에서 읽은 글의 제목이다. "이곳저곳 발표한 글은 완성된 글이 아니라, '수정 중지 상태로 멈춘 글'이라"는 문구가 빵 차 경적처럼 여운이 길었다. 어찌나 반갑던지. 갓구운 빵 맛, '겉바속촉'이다. 수정 중지 상태의 글이 촉촉하게 숙성되어 배달까지 완료. 책 봉투를 여니, 손바닥만 한 디자인이 바삭하다.

고흐의 환생

비가 내린다. 야영장으로 돌아와 밥을 하는데 점점 주룩주룩 내린다.

오늘, 〈아를의 별이 빛나는 밤에〉의 배경지를 시작으로, 여기저기 흩어져 있는 '해바라기' '노란 집' '정신병원' '여름 정원' '도개교'까지 고흐의 발자취를 쫓아다녔다. 발목이 부러질 것 같다. 이런 날은 설익은 밥을 먹어도, 인스턴트 누룽지에 뜨거운 물을 부어 먹어도, 떡에 꿀을 바르지 않아도 꿀떡꿀떡 잘 넘어갈 것 같았다. 금방 뜸들이 마친 밥, 스테이크 한 조각 굽고 양상추와 오이를 썰어 쌈장을 얹어 목젖이 다 보이도록 폭풍흡입하는 중이었다. 종일 비를 맞고 다닌 꽃송이 원피스의 낭만과 벗어 놓은 고무줄 낡은 속옷이 나른하게 널브러져 있다.

빗줄기가 거세지는가 싶더니, 천둥 번개까지 요란하다. 설거지통 버너 밥솥 물통…, 대충 끌어다 텐트 안에 들여놓고, 가

부좌 틀고 앉아 밥을 먹는데, 이 무슨 날벼락인가. 텐트 바닥이 올록볼록 두더지 머리처럼 살아 움직인다. 텐트 자체가 공중부양하려는지 둥둥 뜬다. 우리가 친 텐트 밑이 하필 물꼬다. 한쪽으로 짐들을 옮기니 다른 한쪽이 불룩하게 솟는다. 나는 물풍선이 재미있어 "어머머!"라며 손뼉 쳤다.

남편이 벌떡 일어나 어디론가 나간다. 잠시 후, 야영장을 관리하는 장정 서너 명이 들이닥쳤다. 그중 매니저인 듯 보이는 남자가 한 손은 반바지 주머니에 다른 한 손은 담배를 꼬나물고 "노프라범!" 턱으로 하늘을 가리킨다. 남편은 그의 거만한 태도에 화가 났다. 장소를 바꿔 달라. 너희가 유색有色인이라고 일부러 조건이 안 좋은 곳을 빌려주는 바람에 우리가 이렇게 되었다며 목소리를 높인다. (사실 유럽 곳곳에서 아닌 척, 은근히 인종차별을 받는다.) 프랑스 남자는 "노프라범!" 자기네 잘못이 아니라는 몸짓으로 다시 한번 어깨를 으쓱하며 또 하늘을 쳐다본다.

야영장의 물이 온통 우리 쪽으로 흐른다. 삽시간에 도랑이다. 물의 본성은 낮은 곳으로 흐른다. 아직 떠내려간 것도 텐트 안이 젖은 것도 아니니 기다리면 그칠 것이라는 말이다. 유럽인, 그들은 뼈대가 말[馬]처럼 뻣뻣하다. 우리처럼 쓸개와 창자를 빼놓고 고개와 허리를 숙이며 손님의 비위를 맞추지 않는다. 남편은 야영장 잔디 바닥을 맨발로 뛰며, 지금 우리 텐트 안은 "스위밍풀!"이라고 소리쳤다. 때마침, 번쩍, "우르르 쾅쾅!" 천둥과 번개가 조명까지 비춰준다. 나는 입안에 미처 넘기지 못한 밥을 우물거리며 "여보, 아직 수영장 정도는 아녜요." 남편은 나 때문에 더 화가 났다.

  이곳은 남프랑스, 아를이다. 아를에서 아는 사람이라고는 오로지 미친 듯이 광기를 휘두르며 살다 간, 화가 '에스파스 반고흐'뿐이다. 나는 금방이라도 귀를 자를 것처럼 펄펄 뛰는 남편의 편을 들었어야 했다.

  유럽 사람들은 길거리에서 목소리 높이며 화내지 않는다. 그들은 부당하면 우리처럼 큰소리로 따지거나 멱살 잡지 않고, 조용히 경찰을 부른다. 우리 집 남정네만 막무가내로 "야! 이놈아, 우리는 손님이야." 그 기세가 얼마나 사나운지 장대같이 퍼붓던 빗줄기마저 가늘어졌다.

  "야! 이놈들아, 손님이 왕인 것 몰라?" 그러나 어쩌랴. 그들은 모른다. 그들이 오라고 하지 않았다. 우리가 잠잘 곳이 필요해서 찾은 곳이다. 수요와 공급만 있을 뿐이다. 나는 남편 손에 든 젓가락부터 빼앗았다. "저 사람들은 젓가락을 무기로 봐요." 남편의 물에 젖은 샌들을 발 앞에 놓으며 "여보, 품위를 지키세요." 주위 사람들이 신고할까 봐 겁이 났다. "여보, 김치 먹은 놈이, 고기 먹은 놈 절대 못 당해요." 그들이 우리말을 알아듣지 못하니, 나는 상냥하게 웃는 얼굴로 남편 옆에서 속삭였다.

한번 터진 봇물은 막지 못한다. 아주 익숙한 광경이다. 이곳은 지금, 목소리 큰 사람이 이기고 나이가 벼슬인 나라 한국이다. 텐트 안이 순식간에 독방이다. 구경 중에 싸움 구경이 으뜸인데, 이들은 남의 일에 외면한다. 앞 동 텐트 차일 앞 식탁에서 밥을 먹던 프랑스 가족은 얼른 일어나 들어간다. 아이들이 호기심으로 빼꼼 내다보니, 어미가 아이들 눈을 가리며 텐트 지퍼를 올린다. 너른 야영장 안에 우리 부부만 따돌림당했다.

아~, 섬이다. '꼼짝 마라.' 대적하는 중인데, 이럴 때 이곳 야영장에서 우리 텐트 평수가 가장 넓다. 유럽에서는 큰 것이 먹어준다며 남편은 원터치 작은 것을 마다하고 한국에서 큰 사이즈를 사 왔다. 프랑스 남자가 어디다 급히 전화하니, 교회의 부흥회도 아닌데 할머니와 며느리 그 집 어린 아들까지 총동원했다. 타고 온 차에 텐트도 실려 있고, 매트리스도 실려 있고, 또 다른 장정도 서넛 더 왔다. 자기들의 텐트를 쳐서 우선 대피해 있으라 하고, 남편은 너희 것은 더러워서 안 쓴다고 맞섰다. 여인들은 나에게 호텔비를 줄 테니 철수하라고 한다. 그러나 나의 남편은 한 발자국도 물러서지 않는다. 꼭 평평한 다른 곳으로 옮겨달라고 버티고 서있다.

사실 어디가 어디인 줄 알고, 처음 온 나라에서 빗속에 숙소를 옮기겠는가. 한참 후, 프랑스 남자가 남편을 보고 따라오라 한다. 새 터를 보여주고 'OK' 한 모양이다. 언제 왔었느냐는 듯 그새 비는 그치고, 저녁 햇살까지 선명하다. 그래도 한국 사람에게는 오기라는 것이 있다. 본때를 보여주려는 것이다. 나는 민망하여 커다란 배낭 안에 주섬주섬 짐을 넣으려는데, 남편이 냅다 소리 지른다. "놔둬!" 쟤네 잘못이니 쟤들이 싸도록 놔두라는 것이다. 그들에게 김칫국물 묻은 밥공기, 숟가락 젓가락, 쌈장, 고추장, 마늘장아찌…, 전기매트, 베개, 프라이팬, '쿠쿠' 소리 나는 압력밥솥, 통 넓은 속 고쟁이…. 평생 한 번도 본 적이 없을 한국의 의식주衣食住 잡동사니를 그들에게 맡겼다.

 울지도 웃지도 소곤대지도 소리치지도 못한 체, '－모·든·것·은·지·나·간·다·－' 소나기다. 한순간에 닳아버린 지성, 감성, 이성, 그것들은 잠시 휴식할 차례. 나는 그동안 갈고 닦은 나만의 자존심인 교양을 누가 볼세라 잽싸게 챙겼다. 집 나가 화냥질하던 여편네가 남편에게 붙잡혀 들어가듯, 보따리 하나 끌어안고 그들을 향해 "메르시mεrsi" 미소 지으며, 프랑스 장정들이 새로 친 아를의 텐트 안으로 들어섰다.

 압생트absinthe 술을 마시지도 않았는데, 그는 이내 코 고는 소리가 우렁차다. 아를은 역시 상황마다 예술이다. 총총 고흐의 '별이 빛나는 밤'이다.

내비아씨의 프로방스

목적지만 있다. 낮에는 자동차가 다니던 도로를 토막토막 막아놓고 축제를 연다. 내비게이션Navigation은 제 본분을 다하느라 퍼포먼스하고 있는 행사장을 뚫고 지나가라 하고, 우리는 때 이른 고추잠자리가 되어 맴맴 돌고 있다.

내가 운전했느냐고? 남편이 운전대를 잡고 있다. 조수 노릇도 만만치 않다. 좌회전 우회전 신경 쓰고, 졸음을 쫓아주며 온갖 비위를 다 맞춘다. 운전자는 속도감과 성취감이라도 있지, 이게 무슨 짓인고? 나같이 고품격 에세이스트가 할 짓은 아니다. 내 앞에는 내비 화면과 차간거리, 주행선, 추월선, 앞차 뒤차만 있다. 나는 무제한 배터리가 되어야 한다.

큰소리치고 짜증내던 그도 숙소에 도착만 하면 바로 코를 골며 잔다. 피로가 풀리면 좀 나아질 것이다. 춥다, 몹시 춥다. 야영장에 늦게 들어가면 전기를 쓸 수 없다. 전기가 없으면 전기

밥솥 전기 포트 전기장판이 무슨 소용인가. 자신에게 최면을 건다. '이 남자 아프면 안 되는데…. 아마 그는 견딜 수 있을 거야. 내가 아프면 더 골치 아프지.' 나의 이기심을 하나밖에 없는 슬리핑 백 속에 넣는다. '별 하나, 나 하나' 별 둘도 세지 못하고 나도 곯아떨어졌다.

유럽 사람들은 차에 선팅을 안 한다. 길가에 차를 세워놓으면 차 안이 훤히 들여다보여서 할 짓이 아니다. 잠시 다리를 올려놓고 쉬지도 못한다. 우리 부부야 누가 주워다 쓸 만한 물건도 안 되지만, 당장 필요한 소지품들이 문제다. 왜 유럽인들이 지하주차장을 선호하는지 알 것 같다. 내비게이션 거치대는 물론 가져갈 것이 없으면, 운전대도 뽑아간다. 이런 날, 내 뱃구레는 눈치 없이 더 꼬르륵거린다. 마신 것도 없는데 소변도 참을 수 없다. 바꿔 넣은 휘발유와 경유의 반란처럼 부부 사이 또한 코드가 맞지 않는 날이다.

빙글빙글 로터리를 몇 바퀴 돌아 시내만 들어서면 발가락에서 쥐가 난다. 마음속으로 얼마나 브레이크를 밟았던지, 급기야 오른쪽 샌들 끈이 끊어졌다. 절뚝거린다. 남편은 나의 엄살 섞인 그 꼴이 또 보기 싫다. "옆에서 뭘 했다고 생색"을 내느냐는 타박이다. 한국에서처럼 매양 잔소리는 하지 않았지만, 한순간도 내비에서 눈을 뗄 수 없었다. 투에서 나와야 하는데, 쓰리에서 빠져나오면, "아구!" 또는 "에이~, 후유~." 감탄과 탄식만 토해냈다. 남편은 "나는, 안 보인다!" 버럭 소리 지른다. 모르거나 순간을 놓친 거지 분명 보이지 않은 것은 아니다. 나나 남편이나 같은 해에 태어나 같은 속도로 노안을 맞이하고 있다.

앙시와 꼬모를 거쳐 알프스 쪽 터널을 나오는데, 내비가 첫 번째 로터리로 빠져나가라고 미친 듯이 열을 받는다. 그러더니 한동안 말이 없다. 시키는 대로 하지 않아 서운이야 했겠지만, 한마디 귀띔도 없이 죽어버렸다. 내비는 나의 '눈' 내비는 나의 '귀'다. 눈과 귀를 닫고 한 동네, 한 블록도 벗어날 수 없다. 우리는 아직 이탈리아에서 스위스를 거쳐 독일로 들어가 자동차를 반납해야 한다. 일정은 단 3일 남았다.

유럽에서 가장 인기 좋다는 '톰톰' 내비게이션을 샀다. 말도 글도 모르는데 내비게이션 사기는 쉬웠겠는가. 새로 산 내비를 설치하고 출발했는데 또 말썽이다. 진행 방향 화살표가 거꾸로 돌진한다. 한참을 달려도 내비의 그림은 앞을 향하지 못하고 거꾸로 곤두박질이다. 다시 돌아가 바꾸려니 내비를 샀던 밀라노 어디쯤의 대형할인점을 찾지 못하겠다. 한 시간 넘게 돌아, 돌아 겨우 찾기는 찾았는데 주차장도 상점도 헷갈린다. 방향을 맞출 때 우리나라처럼 운전대가 한쪽으로 통일되어 있으면 좀 좋을까. 왼쪽 오른쪽 핸들 방향이 뒤엉켰다. 더구나 '톰톰'이 녀석은 친절하지 않은 놈이다. 아무래도 태생이 내 남편과 동향인가 보다. 고집불통이다. "턴, 라이트!" 이후, 3시간을 달려도 감감무소식이다. 오죽 답답했으면 뒷자리 가방 안에서 느닷없이 "웰컴 투" 쌀라쌀라 소리를 내겠는가. 어찌나 반갑던지, 가랑머리 소녀 첫사랑의 목소리다. 톰톰 내비의 무뚝뚝한 횡포에 반기라도 들듯, 사근사근한 여성 내비가 살아났다.

 어느 지인이 말하기를 내비게이션을 '신이 내린 선물'이라고 했다. 길이 있는 곳은 어디든 다 안다. 그러나 시키는 대로 간다고 매뉴얼이 다 맞는 것은 아니다. 둘이서 서로 기량껏 자기 목소리를 주장한다. 어디 목소리 큰 게 이기나, 말 많은 것이 이기나. 이것들을 '연놈'으로 싸잡으니, 더 말을 안 듣는다. 참다참다 호칭을 바꿨다. 내비'아씨'는 상냥하게 소상하고, 톰톰'도령'은 점잖게 과묵하다. 아주 오래전부터 익숙한 모습이다. 두 선남선녀 중 어느 임을 더 예뻐할 수 있을까. 둘 다 켜고 달린다. 남편은 과학 선생답게 두 기계의 성능을 시험하고, 아내는 어느 목소리가 더 다정하고 친절한지 감성을 본다. 톰톰 도령은 고속도로로 쌩쌩 달려가라 하고, 종알종알 내비아씨는 라벤더와 해바라기 꽃을 보며 향기를 즐기라고 시골길로만 안내한다.

 남해의 다랑논처럼 다랑이 포도밭과 중세 고성의 뾰족지붕이 레고 블록처럼 나타났다. 생뚱맞게 무슨 말인가. 후유~ 이제야 창밖의 풍경이 보인다는 말씀이다. 우리는 지금 라인강을 따라 굽이굽이 로렐라이 언덕을 오르는 중이다.

옛날부터 전해오는 쓸쓸한 이 말이
가슴 속에 그립게도 끝없이 떠오른다
구름 걷힌 하늘 아래 고요한 라인강
저녁 빛이 찬란하다 로렐라이 언덕♬

프로방스 현지 시각, 저녁 6시 45분을 지나고 있다.

사달

 책이 나왔다. 시중 서점에 깔릴 예정이다. 어떤 모양으로 나올까. 포털 사이트 D 사에 검색하니 아직 소식이 없다. 다시 N 사로 검색하니 '어! 뭐지?' 책 모양의 박스 안에 '성인인증 필요'라는 문구만 있다. 그 밑에는 빨간 표시가 있다. 저자, 출판사, 가격 코드까지 다 나오는데, 표지가 없다. 얼굴 없는 책이다.
 이 무슨 변고일까. 어디에다 신고할까? 거대 포털 사이트 N 사에 전화는커녕, 접속하기도 쉽지 않다. 설레던 마음은 삽시간에 사라지고 소심한 나는 겁부터 난다. '아~ 까불다가……' 표제작 〈내비아씨의 프로방스〉 내용 중에 걸리는 단어가 있기는 했다. 내비게이션 기계에 '아씨'와 '도령'이라는 예우까지 해줬다. 그런데 어찌 귀신처럼 잡아냈을까? 단어를 검색해보니, 책 제목이 아예 '연놈'인 것도 버젓이 판매되고 있다.
 남편이 대신 성인인증을 하고 들어가 N 사에 사유서를 올렸다. 책표지 제목 목차 표사를 스캔하고, 먼저 나왔던 두 권의 책도 다 스캔하여 파일 첨부를 했다. 첫 번째 책은 '현대수필문학상' 수상집이며, 두 번째 책은 '2015 문체부 우수도서'로 선정되었다. 책의 작가는 '유학儒學을 강의하는 도덕적(?)인 사람'이라는 내용증명을 보냈다.

 무엇이 겁나는가. 나는 여태까지 살아온 사생활까지 뒤돌아본다. 책은 그 사람의 궤적이다. 〈매실의 초례청〉에서 "대낮의 햇볕이 진공상태처럼 답답하다. 동네의 개 짖는 소리도 물 흐르는 소리도 고요하다. 방아깨비가 긴 다리를 어기적댄다. 알록달록 무당벌레가 업은 듯 포개어 지나가고, 물잠자리도 덩달아 서로 꼬리를 맞대고 주위를 맴돈다. 매듭 풀잎을 뜯어 손끝으로 잡아당기니, 오린 듯 우♤로 쪼개진다. 머지않아 댓돌 위에 아기 고무신이 놓이리라." "이 무슨 조화일까, 아직 비녀와 옷고름은 풀지도 못한 채 속곳부터 벗기려 했는가. 설탕이 몽땅 기진맥진하여 항아리 밑바닥에 굳어 있는 것이 아닌가. 밤마다 실랑이만 하다가 날이 밝은 게 틀림없다."라는 문구로 매화 화인이 찍히기는 했다. 에로 수필이라기보다는 '낯설게 보기'의 상징 작품이라는 평자들의 칭찬도 많았었는데…, 설마 그건 아니겠지.

 그렇다면 〈여자 & 남자〉일까. 한동안 '진달래' 시리즈 우스갯말이 유행하던 시절이 있었습니다. "진짜 달래면 주나?"로 시작하여 "저도 어언간 붓을 들어 풍류를 논할 만한 진달래꽃이 되었습니다. 진 달 래, 진짜 달라면 주느냐고요? 내 집 아궁이에 불 지피지 않는 집밥만 아니라면 몽땅 드립니다. 이 가을의 낭만을!" 이 글도 작가의 관음적觀淫的 시선이 좋다고 했다. 세상을 비판하면서 세속의 소문을 능청스럽게 풍자로 전한다. 다소 무거운 주제인데도 오히려 독자가 거부감 없이 동조하게 하는 경어체 기법이라 했다. 그 무엇보다 나는 청소년 윤리 교과서를 집필한 것이 아니다.

그럼 뭘까. 혹시 〈2박 3일, 달콤하고 떫은맛〉? "남자들은 왜 자신이 집을 비우면 안 된다고 생각하는지. 중세시대 《르네상스 풍속사》에서 그들은 긴 시간 집을 비울 때, 아내에게 정조대를 채웠다. 여자들은 대문에 기대어 남편을 배웅한다. 야릇한 표정 뒤에 감춰진 손으로 뒷문을 열어 정인을 맞아들인다. 정인은 물론 복제된 정조대 열쇠쯤은 가지고 있다. 그들은 처음부터 정조대 따위는 만들지 말았어야 했다." "2박 3일, 2박 3일은 내게 퐁퐁 소리가 나는 와인 맛이다. 품질이 좋은 와인일수록 단맛보다 떫은맛이 강하다고 한다. 요즘 남편 앞에 나의 심기는 점점 떫어진다. 아무래도 나는 질(?) 좋은 아내가 틀림없다." 나는 단지, 홀로 와인을 즐기고 싶었을 뿐이다. 한 편, 한 편 곱씹어 보니, 아슬아슬한 단어와 문장이 서너 군데 숨어있기는 하다.

그렇다면 여행수필 때문인가. 인디아 카주라호 락슈마나 사원, 일명 '에로템플'의 에로틱한 조각품을 이틀 동안 보았다. 1천 가지가 넘는 체위를 더 가까이서 자세히 보려고 카메라 렌즈를 줌으로 당겨서 찍었다. 그리고 다음 날, 울타리 밖 눈높이의 철조망 앞에서 한나절 더 봤다. 몇몇 동정녀를 닮은 여성 군자들이 손으로 입을 가리고 헛구역질하며 지나가는 표정을 훔쳐본 것이 말썽일까. 인문학은 상상력이 아니던가. 고문헌과 고건축을 차경借景하여, 주름잡던 번데기가 나비로 변하는 아름다움을 보아야 한다. 누에고치 시렁처럼 켜켜이 생각을 얹다 보니 억울함이 크다. 그렇다고 책 보따리를 싸 들고 다니며 독자들에게 일일이 사족을 달까. 문文이란 글과 사상이 바탕을 이룬다지만, 어찌 문학에서 해학과 풍류를 빼놓을 수 있을까.

공자께서 말씀하셨다. "사달辭達일 뿐이다〔辭達而已矣〕."
《논어》 문장 중 가장 짧다. "말은 뜻이 통하기만 할 뿐" 언어나 문장의 목적은 자기의 의사를 충분히 나타내면 그만이다. 미사여구로 풍부하고 화려함을 구하지 않는다. 군소리나 가식이 필요 없다. 말의 경제는 내가 사는 부산이 최고다. 어느 날 사직야구장에 갔더니, 상대편 선수가 우리 팀 선수 앞에서 알짱거린다. 얼마나 얄미운지 나라도 뛰어 내려가 한 대 치고 싶다. 그때 들려오는 우레와 같은 함성, "마!" "마!" 간결 명료한

외마디. 내 글에는 '마'가 부족하다.

《내비아씨의 프로방스》 참하지 않은가. 그런데 어쩌자고 '19금'으로 분류되었을까. 혼자 제목을 파자破字해 본다. 내 비밀 (별당)아씨의 프로방(텐프로) 스(들). 아고~, 망측하다. 사흘 동안 탄원하여 성인인증에서 해금되었다. 남편은 아침마다 내게 문안 인사를 한다. "프로아씨, 당신 참으로 대~단하십니다. 남편과 각방을 쓰면서도 19금 수필까지 쓰시다니요." 아~, 나도 이참에 "마!" 하고 싶다. '침묵은 말실수를 줄이는 지름길. 말은 생각과 감정을 담아내는 그릇. 그걸 아무 생각 없이 대화라는 식탁 위에 올려놓으면 꼭 사달이 일어난다.' 말의 품격을 배우는 중이다.

지레 겁먹고 하마터면 꿈속의 에로까지 'Me too' 할 뻔했다.

별을 품은 그대

 "친구들과 사이좋게 지내고, 입은 닫고 지갑은 열고…, 수업 시간에 카톡 하다가 핸드폰 빼앗기지 말고, 선생님께 엉뚱한 질문하지 말고," 말고, 말고는 내가 공항에서 K 선생에게 당부한 말이다.
 그가 군대 입대하는 날도 그랬었다. 부산에 사는 남학생을 서울에 사는 여학생이 대전역에서 만나 논산훈련소까지 데려다주었다. 입대 당일까지 여학생 앞에서 폼form 잡느라 더벅머리 장발이었다. 그가 상사에게 밉보일까 봐 나는 애를 태웠다.
 아들이 새 운동화와 가방을 사 왔다. 자식이 아비에게 마련해주는 입학선물이다. 먼저 가방에 붙은 태극 문양부터 떼어냈다. 위험한 요소를 없애야 한다. 국제적으로 한국의 장년 남자가 가장 위험하다는 말을 들은 적이 있다. 세계 소매치기나 사기꾼에게 표적이라고 한다. 신용카드보다 현금을 선호하고, 말보다 고함을, 듣기보다 지시를 일삼던 세대다. 이미 기력이 쇠하였으면서도 그는 누가 봐도 객기로 큰소리치는 전형적인 대한민국 남성이다.

그런 그가 지금 물설고 말 설은 낯선 땅에 간다. 왜? 가는가. 가족의 생계를 위해 경제활동을 하러 가는 것이 아니다. 그러니 말릴 수가 없다. 그는 30년 넘게 근무했다. 그동안 흰머리와 주름의 훈장뿐만 아니라 두 아이를 낳아 인구증가에 국민의 의무를 다했고, 아이들을 분리독립시켰으며, 이 땅의 청소년들을 일선에서 지도했다. 그런데 문득, 하던 일이 적성에 맞지 않았다고 한다. 그렇다. 직업과 꿈은 다르다. 그는 지금 적성을 찾으러 어학연수 가는 중이다.

남편, K 선생은 일제강점기와 전쟁을 겪은 엄한 부모님 밑에서 태어났다. 사내는 모름지기 강해야 한다. 베이비붐 세대이니 어쨌든 생존하여 누구보다 잘사는 것이 목표였을 것이다. 뭔가 잘못하면 부모님은 옥상 드럼통에 물을 채워 엄동설한에 벌거벗고 물속에 들어가는 벌을 주었다고 한다. 학교에서는 획일적인 "엎드려뻗쳐!" 각목 세례를 받았고, 유신정권 시대에 전투경찰로 부마사태에 투입되어 군홧발에 밟히는 수모를 당했던 세대다. 아직 '응답하라! 1975'가 나오지 않았을 뿐이다. 그의 청춘이 그렇게 지나갔다. 기계처럼 일하던 그에게 마땅히 포상휴가를 주어야 한다. 국가에서 마다하면 아내인 내가 지원

해줘야 한다.

나는 비교적 자유롭게 자랐다. 사방이 풀꽃 향기로 사람과 동물, 곤충과 꽃이 어우러진 아련한 풍경화다. 산골 마을 집성촌의 손이 귀한 증손녀로 태어나 다정하고 따뜻하게 자랐다. 누구에게 야단맞지 않고 얽매이지 않고 구속당해본 적이 없다. 내가 무슨 짓을 하지 않았던 것은 순전히 내 선택이었지 누가 나를 단속한 적은 없다. 나의 성장 과정은 무엇이든 내가 선택하여 내가 실천하고 내가 책임지며 내 마음이 가는 대로 살아왔다.

그가 부릅뜨고 쳐다보던 별과 내가 긴 속눈썹 사이로 바라보던 별은 달랐다. 그가 겨울의 삭막한 도시 불빛을 보았다면, 나는 한여름 밤의 은하수를 보았다. 정서의 실마리가 실타래의 끝과 끝이다. 어머님이 돌아가신 후, 착한 며느리는 시어머님의 유지를 받들어 아침마다 식탁에서 밥상머리 교육으로 잔소리했다. 그는 나하고 사는 동안 많이 힘들었을 것이다. 그 세월 어느덧 이순耳順이 되었으니, 그도 참을 만큼 참았다.

'총량 불변의 법칙'이라는 것이 있다. 아무리 고고한 척해도 개구쟁이 본성은 부릴 만큼 부려야 가라앉는다. 이왕 통과의례라면 사춘기 정도는 부모님 슬하에서 지나고 내게 왔으면 좀 좋았을까. 그래도 아직 몸과 정신이 성할 때 '자신에 의한, 자신만을 위한, 자신의 시간을 갖겠다.'라는 발상이 갸륵하기는 하다.

오히려 '발광'의 시기가 늦게 찾아왔을지도 모른다. 엄마 잃은 아들의 어깨가 얼마나 내려앉는지 나는 안다. 날마다 어리광 부리는 남편에게 열천불을 받다가도 "너의 엄마가 없어서 내가 봐준다."라며 그의 편을 들어주기 시작했다. 결국, 나의 인자한 모성애가 그의 간을 키웠다. 그로 인해 나는 뒤늦게 남편을 유학 보내는 학부모가 된 것이다.

몇 년 전, 텐트를 차에 싣고 남프랑스 프로방스 지역 퐁비에뉴에 간 적이 있다. 퐁비에뉴는 알퐁스 도데의 고향이다. 도데의 작품《풍차 방앗간 편지》의 배경 앞에서 사진을 찍을 때도 몰랐다. 도데의 문학관에 들러 방명록에 나의 꿈에 대한 감사의 메모를 해놓고 나왔다. 나는 알퐁스 도데의 〈별〉이 K 선생의 국정교과서 안에도 있었다는 사실을 헤아리지 못했다. 하필, 그날따라 풍차 앞에 비바람이 심하여 내가 입은 프로방스 스타일의 복숭앗빛 원피스 자락이 휘날렸다. 바람에 치켜 올라가는 내 치맛자락을 끌어내리느라, 정작 그의 바짓가랑이가 흠뻑 젖는 것을 보지 못했다.

나는 그곳, 문학관에 내가 꿈꾸던 별을 누가 볼세라, 감쪽같이 내려놓고 왔는데. 어느 틈새, 내 남편이 그걸 주워 가슴에 새겨왔다.

그는 지금, 꿈을 안고 비행기를 탄다. 아마도 머지않아 빛나는 별을 가슴에 달고 개선장군처럼 돌아올 것이다. 나는 그의 앞에서 언제나 별을 바라보는 '스테파네트' 아가씨가 되고 싶은데, 나의 철없는 목동은 내가 자기 엄마인 줄 아는가 보다. 늘 응석받이 칭찬을 바란다. 어쩌랴! 내가 여태까지 따뜻한 밥 먹여 키운 내 남편인 것을.

나의 플라멩코

출렁거린다. 가수의 몸무게 중, 반은 젖가슴인 것 같다. 쇳소리를 겸한 쉰 목소리, 짙은 눈빛…. 문득 '명심옥' 마담 얼굴이 떠오른다. 아니 어쩜 정선이나 사북의 탄광지대, 운천, 춘천, 동두천, 평택, 미아리 텍사스…,일지도 모른다. 여성을 착취하는 포주의 모습이다. 정욕을 품고 그 좌절로 증오심을 품는 살로메의 육감적이면서도 강렬한 팜므 파탈, 서늘하게 치가 떨린다.

목소리가 그악하다. "이년아, 정 주지 마! 사내 녀석이 너를 위해 다시 뒤돌아볼 것 같으냐? 제 물건의 쾌락을 위해 너를 잠시 안았을 뿐이야." 객석에서 남자가 "올레!" 추임새를 곁들인다. "아이를 갖다니!" "이런 못난 것. 고양이 소리를 냈어야지. 그러니까 네가 개X이야. 물고 잡아 뜯고 짖어봤자, 네 가슴에 피멍밖에 더 들겠어. 그놈들은 사람이 아니야. 짐승이라고."

여기가 어디냐? 여기는 스페인 세비야다. 나는 지금 이곳에서 〈플라멩코〉를 보는 중이다. 플라멩코는 15세기 스페인 남부 안달루시아 지방에 정착한 집시들이 오랜 세월 이곳저곳을 떠돌며, 자신들의 슬픈 처지와 사랑과 애환, 그리고 절대 고독을 음악과 춤으로 표현하는 행위예술이다. 엉뚱한 곳에서 우리나라 말이 들리는 것 같다. "너는 고양이가 되어야 했어." 고개를 치켜들었다가 슬그머니 내리고, 앙살 떨며 "야~옹 야~옹" 교성에 교태를 부리다가 삽시간에 그놈을 후려잡아야 했어.

미군 부대에 빨래해주러 들어간 어린 여자아이들, 눈 밑은 파랗고 손등과 넓적다리는 담뱃불에 지진 자국이 선명하다. 밤새도록 혁대로 맞고 채찍으로 찢어진 소녀들의 등과 허리에 포주는 약을 발라준다. "정, 정이 밥 먹여 주냐? 네 팔자나, 내 팔자나. 장사 하루 이틀 해, 정을 왜 주느냐? 아이는 왜 갖느냐?" 그러게 말이다. 스페인의 담배공장 카르멘이 왜 칼에 찔려죽었을까. 정이란, 질기다. 누구 하나의 목숨이 끊어져야 끝난다.

포주가 먼저 운다. 그래, 그녀는 가수다. 꺼이꺼이 서러움을 노래하다 컥컥 울음을 토해낸다. 플라멩코 무희가 운다. 한숨, 탄식, 괴성, 관객들이 훌쩍인다. 오히려 집시 소녀가 포주에게 "엄마, 엄마, 울지 마. 내가 오늘 그 개XX를 꽉 물어 잘라 버릴 거야. 내가 오늘밤, 끝내줄 거라고. 엄마 원수까지 갚아준다니까. 그러니까 제발 내 앞에서 울지 마."

빨간 드레스의 홍학 두 마리가 플라멩코를 춘다. 양쪽 날개의 깃털은 볼륨이 풍성하다. 평화롭다. 키득거리며 맞담배 한 대씩 깊이 빤다. 잠시씩 숨이 멎은 듯, 기척도 없이 우아하다. 양귀비 꽃대에 선홍색으로 몽롱하게 취한다. 붉은 손톱 사이에서 입술로 옮겨진다. 뺨 귓불 목덜미 가슴 배꼽 불두덩으로 내려가며 쪽쪽 빨 수 있는 것은 다 빨아본다. 하루가 가고 이틀이 가고 3년만 바짝 벌어 청산하겠다고 다짐하기를 30년, 빨아먹으며 뜯어먹으며, 어르고 달래고, 무용수, 가수, 집시, 마담이 다 한통속이다. 뭉뚝한 구두 굽이 마룻바닥을 친다. "따다닥 딱딱!" 온통 두들긴다. 속도가 숨가쁘다. 누구 하나가 쓰러져야 멈출 것 같다.

그녀의 커다란 가슴과 엉덩이가 대문자 S자로 거센 파도다. 격정적인 몸부림에 입 크기만 한 귀고리가 마룻바닥에 떨어졌다. 남은 한 짝은 관객 발밑에 그녀의 삶처럼 내동댕이쳐졌다. 개의치 않는다. 소리소리 지른다. 자분자분 숨소리 자지러지며 애잔한 노래가 가슴을 후빈다. 애가 타는 관객들이 살살 시작한 손뼉이 거세진다. 손바닥을 치는데 가슴이 찢어질 것 같다.

베테랑이다. 오늘의 플라멩코는 붉은 숄, 가녀린 허리의 집시 여인이 아니라, 저 포주와 같은 뚱뚱보 늙은 여인이다. 맞다. 나다. 나는 왜, 나이에 점점 주눅이 들어, 숨어들 공간만 찾고 있는가. 왜 저런 병 주고 약 주는 당당함으로 몸무게를 실어 쿵

쿵 '나 여기 있다.'라고 발동작하지 못하는가. 순간순간 최선을 다하고 살았는데, 이제 와서 왜, 무엇이든 그만둘 구실을 찾으며 움츠러드는가. 눈꼬리가 조금 처지고 이빨 몇 개가 시리고, 가끔 다리가 무거운 것이 대수인가. 나는 지금 그대로 자연스럽다. 무대 위의 마담처럼 세대를 아우르며 타는 만큼 타다가 꺼지면 될 것을. 위로하며 위로받으며 저절로 산화하는 거다.

"사랑, 사랑이 무슨 보약이냐? 마약이야. 몸만 줬어야지. 미역국 처먹고 기운 차려. 너 일 못 하면 옷값, 팬티값, 밥값, 화장품값, 값, 값…, 빚이 얼마인 줄이나 알아?" 피땀으로 정직하게 돈만 벌었어야 했는데, 그녀들은 그러지 못했다. 단번에 끊지 못했다. 내 엄마의 삶을 빼앗아간 그녀도 남의 앞을 가로막고 싶었겠는가. 원했든 원하지 않았든, 삶을 살아야만 하는 '숙명'을 타고난 여인들. 대물림 따위는 작두 들이대어 잘랐어야 했다. 집시 또한 그녀 또한 그랬어야 했다.

"인생은 꼭 그런 것이 아니란다." 저 스텝 소리가 들리지 않니. 그냥 음률에 맞춰 춤추면 된다. 춤, 격정적이다. 제멋대로 마구 뛰는 것 같아도 그들대로의 질서가 있다. 옳지, 그렇게…, 차분하게…, 누군가가 너를 버렸더라도 너는 너의 감정에 충실하게 손과 발 마음을 움직이며 춤을 추면 된다. '올레, 페페!' 과거를 쫓는 것은, 바람을 쫓는 거와 같으니."

여태까지 피해자라고 억울해하던 세월이, 어쩜 가해자였을지도 모른다. 내 엄마가, 내가, 그들의 삶에 어두운 배경이었을지도 모를 일이다. 그들이 플라멩코를 집중하여 잘 추도록 "씨~." "올라!" 그러나 응원은커녕 신음의 추임새조차 안 했다. 묵언이 더 가혹한 형벌이다. 어쩌면 엄마는 아버지에게 '조강악처糟糠惡妻'였을지도 모른다. 본처는 무조건 참고 기다리면, 모든 것이 제자리로 돌아오는 줄 알았었다. 서로 몹쓸 세월에 한恨만 남았다.

나는 엄마의 딸이기에 이곳 세비야의 여인들이 낯설다. 평생에 단 한 번 찾아오는 운명적인 사랑이라 할지라도, 투우사의 칼에 찔리는 격정적인 주검일지라도, 설령, 그것이 예술일지라도, 내 엄마 앞에 플라멩코와 같은 치정은 용납하지 못한다.

어느새, 박자를 맞춘다. 격렬하지만 가벼운 리듬, 거칠고 깊은 고뇌, 애절한 세고비아 기타 선율에 맞춰 "올레!" 추임새를 넣고 있다. 나, 나도 플라멩코를 이해하는 척 발장단까지 맞추고 있다.

남편이 내게 묻는다.
"Shall we dance?"
플라멩코 소극장을 통째로 빌렸다. 잠깐! 오해가 있을 수 있다. 소극장이 갖춰있는 숙소였는데, 낮에는 비어있다. 잠시 문을 열어줄 수 있느냐고 하니, 흔쾌히 'OK' 허락을 받았다. "쿵

쿵, 쿵쿵 짝♬" 나는 선홍빛 스카프 한 장 펼치고 어설픈 몸짓으로 플라멩코가 된다. 불 켜진 실내를 들여다보며, 지나가던 여행객들이 카메라의 초점을 맞춘다. "hola~, hola!"

(2016년 2월 스페인)

책 읽는 침대

 세비야 골목길을 터덜터덜 걷는다. 커다란 캐리어를 질질 끌고 간다. 무슨 사연이 있기에 이 늦은 시간 헤매는가. 남편이 하는 말이, 한 시간 전에도 그 여학생을 봤다고 한다. 아마 길을 잃은 것 같다며 "익슈큐즈 미?" 다가간다. 정말, 한국 사람이다.
 여학생은 핸드폰 배터리가 다되었다고 한다. 핸드폰 안에 숙소 주소와 현지 전화번호 지도가 다 있다며, 2층인 한인 민박집 이름만 안다고. 그러나 민박집 간판이 없다. 1층은 인테리어 가게라며, 그녀는 지금 인테리어 숍만 찾는 중이다. 이 동네는 시도 때도 없이 낮잠 시간에도 셔터를 내린다. 더구나 밤이다. 철 셔터에는 그림이나 낙서로 문인지 벽인지 도무지 분간할 수 없다. 종로에서 김 씨를 찾는 격이다.
 인도 여행 때도 두 명의 한국 여성이 아침 일찍 바라나시 알카 호텔에 왔다. 방이 있느냐고 묻고 매니저는 없다고 한다. 말이 좋아 호텔이지 1970년대 땅끝마을 민박집 수준이다. 그녀들은 눈도 제대로 못 뜨고 곧 쓰러질 것처럼 보였다. 아마도 바라나시에 오는 기차를 열여덟 시간인 줄 알고 탔다가, 우리처럼 서른 시간쯤 걸려 왔을 것이다. 그때 나는 호텔 매니저 몰래 그녀들에게 우리 방 열쇠를 줬다. 침대 위에 속옷이 널브러져 있고, 먹던 식빵 조각이 흩어져 있었다. 창문은 없지만, 그래도 물이 졸졸 나오다 끊어지는 샤워기와 무엇보다 방안에 화장실이 있으니, 일단 한숨 자라고 했다. 마침 우리는 가트 옆 화장터 순례를 나가려던 참이라고 둘러댔다. 반나절 거리를 헤매다 돌아와도 기척이 없기에 남편과 나는 숙소 옥상에서 언제 기상을 하려나 망을 보았었다.

프랑스 아를에서도 단기 어학연수를 마치고 돌아가기 전 여행하는 한국인을 만났다. 제 키만 한 배낭을 짊어지고 게스트하우스를 찾지 못해 사색이 된 여학생이다. 우린 그때 자동차를 빌려 프로방스 지역을 돌고 있었다. 그 여학생을 태워 몇 바퀴 비슷비슷한 지명과 건물 사진을 비교해 보며 숙소를 찾아준 적이 있다. 배낭을 멘 채로 걸어서 그날 안에 찾기는 어려운 숙소였다.

이번에는 도움을 줄 수가 없다. 자동차도 없고, 우리 둘의 휴대전화는 애플도 아니고 유심칩도 없다. 더러 한국 학생들이 지나가니 그들에게 도움을 청해 보라 하고 숙소로 돌아왔다. 그때부터 걱정이 시작되더니, 죄의식까지 든다. 데리고 올걸. 펼치면 침대가 되는 여분의 매트도 있는데. 그러나, 그렇다. 원하지 않는데, 난처하게 만드는 일도 있다. 내 딸이려니 싶어 다가가 친절을 베풀면, 바로 영어로 말하는 젊은 여학생들을 보았다. 나는 한국 사람이 아니라는 차단이다. 여러 번 겪은 일이다. 나와서까지 어른의 참견을 받고 싶지 않다는 철벽거절이다.

그러나 또 정의의 사자, 나의 남편은 적극적으로 도와주지 못한 아쉬움이 양심을 넘어 인류애로써 자책한다. 방에 들어오자마자 노트북으로 '책 읽는 침대'를 검색한다. 그 여학생이 찾고 있는 민박집이 1호점, 2호점이 있다며, 여학생을 만났던 그 거리에 다시 찾아가 볼 거라고 한다. 그러나 그 자리 찾아가기는 어디 쉬운가. 우리도 길을 알아서 그곳을 걸었던 것이 아니다. 그냥 불빛 따라 사람 따라 배회하던 골목이다. 그리고 그 여학생이 아직 그 자리에 있을까. 해외여행을 혼자 오는 아이들이 얼마나 똘똘한데, 세상은 골목마다 CCTV가 다 있을 것이며, 스페인 경찰이 길 잃은 외국 여학생을 안내해줬을 것이다. 그리고 무엇보다 삼삼오오 당당하고 명랑하게 돌아다니는 한국 아이들이 길에 많던데… 그 아이들은 길에서도 와이파이가 팡팡 터지던데…. 나중에는 불안한 마음에 방안에서 둘이 서로 언성을 높이며 싸웠다.

설령, 그 여학생을 찾았다 하더라도 중장년의 남성을 뭘 믿고 순순히 따라오겠는가. 오히려 피할지도 모른다. "다녀오세요." 그 대신 1시간이 넘으면 당신마저 길을 잃을 수 있으니, 곧바로 돌아오라고 다짐을 받은 후 내보냈다. 아니나 다를까. 돌아와 여학생은 그 자리에 없다고 한다. 있을 리가 없다. 남편은 검색했던 민박집도 찾아갔었다고 한다. "오늘, 빨강색 캐리어를 든 여학생이 안 왔느냐?" 주인도 퇴근한 숙소를 방방이 다니며 호구조사를 하였다니, 남편 또한 아닌 밤중에 홍두깨다.

  사이트에 어렵게 표기해 놓은 민박집을 욕한다. 일부러 못 찾게 해놓은 것 같다며 흥분한다. 정말 그렇단다. 스페인 당국에 영업 신고를 하면 세금을 많이 내야 하니, 간판보다 우리말 인터넷 검색으로 찾게 하는 민박집이 많다고 한다. 결국, 그 여학생은 만나지 못했다. "괜찮을 거야." 둘이 서로 위로한다. 우리나라 아이들은 글로벌하다. 인터넷 강국이다. 영어도 잘하고 무엇보다 '한비야 언니' 후예로서 세계 각국을 누비는 바람의 딸들 아닌가. 안심하다가도 또 불거진다. 내일이면 우리도 바르셀로나로 떠나야 하는데, 깨져 박살난 사발처럼 생긴 골목에서 어찌할까. 잠 못 이루는 세비야의 밤이다.

  이슬람 뮤지엄 알카 궁전을 관람하면서도 마음은 어젯밤 길을 헤매던 여학생에게 가 있다. 점심을 먹으러 골목 식당을 찾아가는 길, 자동차가 한 대가 지나가면, 한 사람 비켜 가기도 좁은 골목에 때론 짐을 실은 자전거도 지나간다. 배를 등 뒤로 붙이고 벽에 달라붙어 피하다가 '버럭' 소리를 질렀다. 그리고 나도 모르게 등을 후려쳤다. "어머! 어떻게 되었어요?" 딱 맞닥뜨렸다. 눈물이 핑 돈다. 와락 껴안으며 "아유~ 고마워요!" 고맙다, 고맙다고 몇 번이고 그녀의 등을 쓸어내렸다. 글쎄, 이름이라도 알아야 어디다 신고를 하든지 찾든지 할 것 아닌가. "도대체, 이름이 뭐예요?" 다그쳤다.

어제 윤현이라는 이름을 알았더라면 괜찮았을까. 이렇게 마주치지 않았더라면 평생 마음에 빚을 질 뻔했다. 그 여학생도 누군가에게 내 남편이 찾아다닌 이야기를 전해 들었다고 한다. 그녀는 여행을 시작한 지 한 달째이며 포르투갈에서 스페인 세비야로 들어오는 길이었다고. 아직 한 달은 더 서유럽에 머물 것이라며, 배터리 탓이라고 담담하게 말한다. 역시 대한의 딸이 맞다.

'여행은 서서 하는 독서'라고 했던가. 침대는 자는 곳이라는 고정관념으로 우리 부부는 또 오지랖을 폈었다. 그녀의 남은 여정에 "Hola? hola! hola~."

5부

블루, 크로아티아

풀꽃 꽃병
블루, 크로아티아
주홍, 두브로브니크
열로, 헤르체고비나
거꾸로 캠퍼스
몰입
아뿔싸
멀미
마도로스
오키나와에서 사보르까지

풀꽃 꽃병

 발 두 개에 의지해 고개를 살짝 치켜들고 있다. 내 집게손가락 길이만 하다. 엎드려 있는 꼴이 마치 애벌레 같다. 그렇다고 꿈틀대지는 않는다. 얇고 투명한 유리병으로 언뜻 보면 작은 비키 같다.
 강아지풀처럼 휘어지는 줄기라야 꽂을 수 있다. 제비꽃 세 송이 정도는 넉넉하고 민들레는 꽃송이가 너무 커 감당하지 못한다. 여뀌나 타래 난이 제격이지만 어쩌다 네잎클로버를 찾은 날, 잎과 토끼풀꽃을 함께 꽂으면 가장 잘 어울린다.
 처음에 꽃을 꽂으면 꽃줄기가 병 모양대로 비스듬하게 누워있다. 한나절이 지나면 어느새 기지개를 켜고 까치발로 아기처럼 일어선다.
 평소에는 늘 장식장 한 귀퉁이에 들어 있다가, 외출 나오는 날은 동그란 주둥이가 먼저 벙싯거린다.

이 꽃병은 누군가와 마주앉아 차를 마실 때, 찻상에 자주 오른다. 차 한 잔을 핑계 삼아 정담을 나눌 때 귀기울여 듣는 자세로 한몫한다. 찻물을 몇 번이나 우려 마셔도 풀꽃을 예사로 보는 이와는 다음을 기약하지 않는다.

예전에 나는 이 꽃병과 닮았었다. 눈에 잘 띄지 않으면서도 제 빛깔 제 향을 낼 수 있도록 담아주는 쓰임새로 살았다. 사치라고 해봐야 기껏 손가락이나 팔목에 풀꽃을 묶어 풀꽃 공주가 되는 일이었다. 누구와 눈만 마주쳐도 다소곳이 고개 숙이고 조금 더 오래 쳐다보기라도 하면 이내 울음을 터뜨리던 수줍은 소녀였다.

이 꽃병처럼, 처음 만난 사람들은 나를 잘 보아내지 못한다. 왜소하고 볼품이 없어 남의 눈에 잘 드러나지 않는다. 누가 부추기는 부채질이라도 해줘야 그 바람에 목소리를 냈었다.

시어머님은 나를 처음 보던 날을 이야기하셨다. 아들에게 오는 편지를 보며 외모가 세련된 도시 아가씨일 것이라 상상하셨다고 한다. "우에, 그리 촌스러운 딸애가 서울에서 왔겠노."로 그해 여름을 회상하셨다.

화장기 없는 민얼굴에 단발머리, 모양도 색도 없는 무명 쌀 포대 자루 같은 원피스를 입고 발바닥이 땅에 닿을 정도의 낮은 가죽 샌들을 신었었다. 장신구 하나 걸고 차지도 않은 생긴 그대로의 모습, 본바탕이 그렇게 생겨먹었다. "그래, 그때 정말 촌스러웠다."라고 누군가 옆에서 거들면 어머님은 정색하시며 "걔는 촌스러운 것하고는 다르지. 소박한 거지." 후한 점수를 주셨다.

　촌스러움은 바탕색이라 치더라도 대범하지도 못하다. 소인의 성정을 닮아 그런지 나는 작은 것을 좋아한다. 과일을 살 때도 큰 것보다 작고 예쁜 것을 고른다. 큰 것을 다 잃어도 작은 것을 지키는 소중함에 자존심을 건다. 그런 내 마음을 알아주기라도 하신 듯, 어머님은 꽃의 나라인 화란和蘭(네덜란드)에서 작은 유리꽃병을 사다 주셨다. 그 후 나는 풀꽃 여인이 되었다.

　이 꽃병에 한 줄기 풀꽃을 꽂고 들여다보고 있으면, 다 버려도 좋을 성싶게 편안해진다. 욕심이 꽃병 크기만 하게 줄어들기 때문이다.

　요즘 나는 병통이 생겼다. 우쭐댄다. 허세를 부리며 나서기를 좋아하는 외향적인 사람이 되어버렸다. 관심이 있는 일에는 목소리를 내며 덤벼든다. 곁에서 지켜보는 이들은 차마 대놓고 당돌하다고 하지 않고, 민망한 목소리로 당차다고 한다.

　도심에서 넓은 아파트, 큰 냉장고, 큰 TV, 큰 식탁을 추구하며 네모나게 살다가 어느 날 문득 둥근 선이 그리워진다. 고향의 초가지붕처럼 본래의 모습으로 돌아가고 싶은 향수병이다.

　작은 산골 마을. 그곳에서 봐 주는 이, 알아주는 이 없이도, 별을 바라보던 풀꽃 닮은 한 소녀가 꽃병 안에 서 있다.

블루, 크로아티아

블루, 꿈의 빛깔이다.

아드리아해안 길을 달린다. 이곳은 앞차를 바짝 따라붙어야 한다. 구불구불 한쪽은 산, 한쪽은 바다다. 그보다 더 마음을 졸이게 하는 것은 외길 1차선이다. 세계 10대 안에 드는 자동차 여행의 비경이라고 했던가. 이 절벽 같은 길을 하루에 여섯 시간 이상 달렸다. 잔잔한 물결 너머 주홍빛 지붕이 보이기 시작한다.

찾아간 곳은 스플리트다. 우선 쉬고 싶다. 그만큼 독일에서 시작한 운전이 힘들었다. 기우였다. 물에 젖은 듯 반짝이는 대리석이 명품거리와 독특한 풍물, 즉석 생선 시장의 활기로 로마유적지까지 생동감이 있다. 궁전 벽을 따라 언덕을 내려올 때 음악연주자들의 화음이 더 머물다 가라고 붙잡는다. 점점 사람들이 몰려와 줄을 서서 걷는다.

블루, 지나치게 맑다. 카뮈가 햇볕 때문에 권총을 쐈다고 하듯,

블루도 조燥와 울鬱의 감정이 심하다. 가볍게 들뜨거나 깊은 우울로 빠뜨린다. 실연하였거든 혼자 동유럽에 가라지 않던가. 대륙에 갇힌 지중해 푸른빛에 매료되어, 사람들의 시선에서 벗어나기 좋은 곳이다.

이곳에서 뒤돌아 혼자 있는 남자를 지켜보라. 남자라고 지칭한 건 잘못이다. 여자를 지켜보라. 말 걸거나 위로하지 말고 그냥 지켜보라. 혹시, 다음날 오다가다 마주치면 씽긋 웃어주라. 그녀 얼굴의 마스카라 흘러내린 검은 눈물이 말끔해졌을 것이다. 나는 상상의 나래를 편다. "아침이니, 당연히 이빨 닦고 세수했겠지!" 나의 짝지는 도무지 낭만적이지 못하다. 어제 그 남녀는 한 침대에 같이 있었다고 하니, 서로 아는 사이였냐고, 언제부터 사귀었느냐고, 또 묻는다. 눈치가 없으니 평생 나 말고 다른 여인과 연애를 못 한다. 아니, 어쩌면 내가 속고 있는지도 모르겠다. 어수룩하게 철석같이 남편을 믿는다.

나는 어떤가. 광장 앞, 카페가 있는 근처 호텔에서 누군가와 만나 사랑하고 헤어지는 공상을 하기도 한다. 징징대지 않는다. 그 연인들은 서로에게 매달리지 않는다. 네가 어젯밤 나를 가졌으니, 오늘 나를 책임지라 윽박지르지 않는다. 미련 따위는 없다. 김영하의 소설 《여행자》처럼, 해마다 정해진 그날, 그 호실에서 일곱 번 '밀회'하고, 일곱 번 마지막이라는 거짓말로, 일곱 번 체크아웃하면 그뿐이다. 인생은 지나가는 소낙비다. 소나기 그치면 나무와 풀은 더 싱싱한 초록 잎을 보일 것이고, 햇살은 오늘의 블루처럼 맑을 것이며, 일곱 빛깔 무지개가 나타날 것이다. 그중 나는 파란 빛만 찜한다.

연인들은 죽도록 사랑하고 죽도록 싸운다. 떠난다. 그리고 찾아온 곳이다. 몹시 아픈 사람들이 숨어들어 과거를 토해내느라 쓰린 속을 움켜잡고 속울음을 운다. 죽기 직전의 영혼이 다가와 뒷모습을 바라본다. 어느 순간, 서로에게 위로의 눈빛을 보낸다. 다시 아드리아해 아침 바다가 향긋한 민트 빛이다. 또 다른 만남이다. 그냥 잠깐 안아주는 난롯불 같은 사랑이다. 그들은 잠시 후, 혹은 여행의 끝자락에 또 떠날 것이다. 편안함을 오히려 불편하게 여기는 상처받은 영혼들이다. 크로아티아는 그런 사람들에게 어울리는 곳이다. 그럼, 너는 그런 애절한 사랑이 있느냐고? "No, comment!" 나는 바람 소리를 토해내는 빈 병, 구경꾼이다.

두브로브니크Dubrovnik라고 쓴 굴다리를 들어서니, 행진이라도 하는 듯한 군중들의 행렬. 세계 사람들이 아니, 유럽 사람들이 죽기 전에 꼭 한 번 다녀간다는 고성이다. 그렇다고 모두 올해 안에 장례식을 치를 행렬은 결코 아니다. 크로아티아의 이루지 못한 사랑을 마음에 담아 떠났다가 서른 해쯤 지난 후에 두부 한 모에 아드리아 바다의 짠맛으로 간수를 칠 것이다. 코발트 블루의 바다를 그리워하며 페퍼민트 칵테일에 안주 삼아, 야금야금 추억할 것이다.

거리의 유도화, 수국, 담장의 붉은 부겐빌레아 꽃이 거리 배경이다. 그곳에 인형 같은 금발의 푸른 눈, 꽃무늬 원피스를 입은 다섯 살 소녀와 공갈 젖꼭지를 입에 물고 선글라스를 낀 유럽 아기들. 쓰레기통을 뒤지는 집시 할머니. 보스니아 시절 내전과 종교분쟁을 겪고 지켜본 어르신들. 이빨 한두 개쯤 빠지고 낮술로 코끝이 붉어진 영감님들이 길거리 야자수 밑 벤치에 앉아 "어디서 왔느냐?" 사진을 찍어주겠다며 환영의 호기심을 보인다.

과연 그들은 젊은 시절, 세상 사람들이 자신의 나라에 관심을 두고 찾아올 것을 상상이나 하였을까. "나?" 그래, "너!" 말이다. 체력의 한계와 정신의 피폐를 극복하느라 종종걸음치던 며느리 시절, 나야말로 상상도 못 했다. 내가 감히 그들의 슬픈 역사를 한가하게 바라보고 있다니 천지가 개벽할 일이다.

성벽에 기대서서 주홍빛으로 물드는 노을을 바라본다. 바다가 점점 검푸르다. 고갯길을 걸어 올라와 작은 숙소에 누웠다. 총총 하늘 가득, 지금 내 마음은 별 밭에 머문 열두 살 소녀다. 수수깡처럼 말랐던 어린 시절, 지구 반대쪽에서 별 바라기를 하는 흰머리 소녀를 꿈엔들 그려봤을까.

크로아티아는 별빛마저 블루다.

(2014년 8월 동유럽 크로아티아)

주홍, 두브로브니크

안개비가 흩뿌린다.

두브로브니크는 주홍빛이다. 중세의 향기로 가득한 구시가지. 기와공장에서 왜 한 빛깔만 찍어냈을까. 유럽문화의 방파제라는 크로아티아도 우리처럼 아픈 과거를 품고 있다. 대지진으로 내전으로 산전수전 공중전을 다 겪었다. 2차 대전 당시, 무분별 폭격으로 양민까지 학살당했다. "이곳은 군사지역이 아니니 폭격하지 말라."는 신호로 붉은 기와를 택했다고 한다. 주홍은 생존의 빛깔이다. 유럽에서 가장 아름답다는 성벽을 거닐며 일주일 가량 머물 예정이었다.

자동차를 어디에다 세울까? 동네 골목을 둘러보다가 문 앞을 청소하는 노파를 만났다. 방을 구한다고 하니, 우리를 옆 골목으로 안내해줬다. 숙소 주인은 초로의 부부다. 간판은 그럴싸하게 입구에 붙었으나 말하자면 '응답하라 1988' 배경처럼 어느 작은 해안가 근처의 민박집 수준이다.

숙박비는 80유로다. 에어컨 냉장고 화장실 주차장이 없다. 숙소로서는 불합격이다. "살아서 천국으로 가려거든 두브로브니크로 가라."라는 말이 있다. 바로 몇 미터 코앞이 유럽 사람들이 죽기 전에 몰려온다는 성벽이니 비싼 것은 결코 아니다. 아마 남편은 보름 정도 강행군하던 일정과 물류를 운반하는 트레일러가 줄 서서 질주하는 도로상황에 지쳤던 모양이다. 내 의견 따위는 보탤 수 없는 강압적인 말투로 이틀을 구두로 계약했다.

이틀 이상 머물면 하루에 10유로씩 깎아준다는 언약도 받았다. 그러나 기본적으로 침대가 있는 방의 잠금장치가 없다. 내 남편과 내 아이들과 사는 집에도 잠금장치로 프라이버시를 지키는데, 여기는 이국땅 크로아티아다. 두브로브니크 성벽 앞의 언덕배기 집. 잠시 한 바퀴 돌고 오니 주차단속 딱지가 붙었다. 분명히 숙소 주인이 자기 집 근처에 차를 세워도 된다고 했다. 3시간 오버인데 1박짜리다. 약이 오른 우리에게 민박집 부인은 자신이 담갔다며 노란색 술병을 들고 와 너스레 선심을 쓴다.

뭘 줄 알고 마시겠나? 아무것도 믿지 못하겠다. 인도의 아그라에서는 아무 데서나 먹지 말라는 말이 있다. 음식에 복통약을 넣어, 배 아프게 한 다음 병원 응급실로 데리고 가서 며칠 입원을 시키고, 의사와 숙박업소 음식점 주인이 이익을 나눠

먹는다는 '아서라, 말아라!' 아그라의 유언비어가 떠올랐다. 주인이 마시기를 기다리며 버티고 서있다. 사약이 따로 없다. 국제적 예의는 지켜야 할 것 같아 자존심도 없이 "베리 나이스!"로 건배사를 외쳤다.

두브로브니크 광장에서 놀았다. 성안 골목 식당에서 명물이라는 문어탕과 맥주를 한잔하고 숙소에 도착하니 문이 철통같이 잠겼다. 노크하니 언짢은 표정으로 나와, 차이니즈들은 별수 없다고 머리를 가로젓는다. 우리는 중국인도 아니며 그렇게 늦은 시간도 아니고 자기가 집에 있어서 문 따위는 괜찮다고 했었다. 나갈 때 앞 베란다에 널어놓은 세탁물이 방안에 있다. 짐 점검을 받은 느낌이다. 더구나 화장실에 들어가 땀을 씻어내려고 하니, 그 집 세탁기가 윙윙 돌아간다. 세탁기를 가림막으로 삼아 몸을 낮춰 샤워하라는데, 언제 기습적으로 쳐들어올지 몰라 불안하다. 물만 몇 번 끼얹었는데 오히려 땀이 범벅이다.

그나마 화장실도 복도에 있다. 자기네가 있어서 괜찮다고 거듭 말하지만, 내가 겁나는 건 바로 자기네다. 계약서가 있나. 영수증이 있나. 돈을 선지급했으니 오로지 그 방에 누워있어도 된다는 말씀인데, 우리가 조금만 부스럭대도 어느 틈에 있었는지 앞 베란다 문으로 들어온다. 마치 부모 몰래 가출한 비행 청소년이 감시받듯, 우리 부부는 돈 내고 눈치를 보는 신세가 되었다.

나는 중년이 넘은 여자에게 화장실이 얼마나 중요한지 남편에게 일장 연설을 했다. 더구나 화장실 인심이 야박한 유럽 길거리에서 "하이? 땡큐!"보다 더 많이 사용한 단어는 단연 '토일렛'이다. 나에게 필요한 건 잠 안 오는 밤에 석삼년 만나지 못한 임보다 절실한 건 요강단지다. 가장 원초적인 욕구, 배변이 안 되는 곳에서 하룻밤 아니라 한 시간도 불편하다고 사정했다. 다음 날 아침, 그 집을 나왔다. 그냥 나온 것이 아니라, 애초부터 주지도 않았던 열쇠를 분실했다고 우기는 주인에게 열쇠 분실요금 20유로를 주고, 주차 오버 벌금 360 쿠나를 은행에 내며 은행수수료 10%까지 얹어 지급했다. 두브로브니크의 일주일 예정을 이틀로 마감했다.

차라리 인터넷으로 예약 손님을 받고 카드로 수수료 지급을 요구하는 젊은이들이 더 낫다. 그들은 숙소로서의 모든 조건을 사진으로 보여준다. 어수룩한 촌부의 모습으로 막무가내 바가지를 씌우는 교활함이라니. 침대 시트를 바꾸겠다며 나에게 매트리스를 "이리 잡아라. 저리 당겨라" 명령까지 한다. 나는 한국말로 "어머! 이 사람 좀 봐, 아주 대놓고 일을 시켜."라고 하니, "쏘리"라며 어색하게 웃는다.

지중해 상인들이 모여서 상거래를 했던 곳, 두브로브니크의 상도덕은 어디에 있나?

우리의 법은 저울을 속이는 것을 금한다. 상인들이여! 당신의 물건을 잴 때 당신의 양심도 저울에 단다는 것을 명심하라. 그리고 신은 당신의 모든 행위를 지켜본다는 것을 잊지 마라.

궁 앞에 새겨진 빛이 바랜 선언문만 멋쩍다. 붉은 기와의 두브로브니크 민박집만 나무랄까. 우리도 "잘살아보세, 잘살아보세. 우리도 한번 잘살아보세♬" 노래하며 먼저 본 사람이 주홍빛 오렌지만 까먹으면 장땡이던 경제개발 시절을 겪었다. 지금 세계 최고의 브랜드 스마트 폰으로 내비게이션을 켜고 지구 곳곳을 누빈다고 여행자의 양심까지 스마트해졌을까. 결코, 장담할 수 없다. 여행 중 일기일회一期一會, 평생에 한 번 만나는 인연이다. 선조들이 지켜낸 상도덕을 욕되게 한다. 천둥 번개여, 장대비나 퍼부어라. 나와 그들의 도덕적 양심이 씻어질 수 있도록.

옐로, 헤르체고비나

 가도 가도 벌판, 일부러 농로를 달렸다. 마주 오는 상대방 차선에서 자동차 라이트를 반짝여준다. 100-80-60-40 시속이 떨어지는 구간에는 경찰이 속도위반을 잡고 있다. 1960년대 우리의 정서처럼, 민간끼리 주고받는 깜빡이가 반갑다. 드디어 안개 짙은 길가에 호박꽃이 보인다. 마중 나온 호롱 불빛처럼 민가가 멀지 않다는 안온함이다.
 비가 내린다. 우산과 우비를 사러 마트에 들어갔다. 우산을 하나 샀는데, 억수 같은 비가 금세 봇물 터진 듯 넘친다. 샌들 한 짝이 벗겨지는 것이 대수가 아니라 내 몸이 우산대와 함께 떠내려갈 판이다. 마트 안에 웃음소리가 빗소리보다 크다. 동네 사람들은 우리 꼬락서니를 구경한다. 마치 봄날, 동물원 원숭이 바라보듯이. 자신들하고는 전혀 다르게 생긴 동양인을 그 동네에서는 처음 보는 모양이다. 경찰까지 자신의 핸드폰으로 우리 모습을 찍는다. 나는 'V' 사인으로 화답한다. 처마 밑에서 빗소리에 눈물 흘릴 건 뭐 있나. 엎어진 김에 쉬어가자.

이른 저녁을 먹기로 했다. 너무도 당당하게 레스토랑에 앞장서서 들어갔다. 꼬치 두 개, 감자튀김과 콜라 한 병을 시켰는데, 공깃밥 갖다 주듯 빵을 한 바구니 갖다 준다. 동유럽은 1인분만 시켜도 양이 지나치게 많다. 먹고 남은 빵 세 쪽을 주섬주섬 싸는데…, "욕심!"이라는 말이 들린다. 뭐라? 욕심! 욕심이라고! 자존심 어디에다 두었니. 무료로 뭐 준다고 할 때, 다른 사람 밀치고 뛰어가 하나 더 받으려 할 때나 쓰는 단어다. '욕심'이라는 말을 누구에게 듣는 것도 생소하다. 더구나 내 남편의 입에서 나에게 하는 말이라니, 분하다.

모스타르 숙소는 조식 포함 40유로다. 인터넷 팡팡. 주차장은 무료에 침대가 3개나 있다. '아일락?' 아일락은 숙소 여직원 이름이다. 아일랜드와 라일락을 연상하며 그녀의 예쁜 이름을 외웠다. 아일락의 쾌활한 웃음소리가 경쾌하다. 내 여행 가방은 아주 가볍다. 남편이 주차하러 지하에 들어간 사이, 내 가방을 번쩍 들고 계단으로 잽싸게 올라간다. 나는 "괜찮다."라며 쫓아 올라갔다. 그녀는 아주 뚱뚱했는데 서비스는 날쌔다. 방 앞에서 "아일락은 미소가 예쁘다."라며 두 팔로 꼬~옥 감싸 안아주었다. '아~ 나, 바보 아닌가!' 관광지에서 과분한 대접을 받았을 때 만국의 공통 매너가 있다. 철들자 망령 난다더니, 다음 날 아침 그녀가 보이지 않을 때야 섬광처럼 스쳤다. '팁' 그래 봉사료를 주었어야 했다. 여행의 자격이 멀다, 나의 세련되지 못함이다.

여행에서 한국 청년들을 만나면 대부분 눈시울이 촉촉해진다. "왜?"냐고 물으면 자신의 부모님이 생각난다고 한다. 엄마 아빠들은 본래 친하지 않은 줄 알았단다. 자기네 부모님들도 함께 여행 다니셨으면 좋겠다며, 어머니는 친구들과 자주 다니는데, 아버지는…, 말끝을 흐린다. 자신들 때문에 할 수 없이 부모님이 함께 사는 것 같아 죄송하다고 말한다. 그에 비해 여성들은 명료하다. "좋아 보여요." 우리 부부의 현재 모습만 본다. 30년 후의 자신들의 모습을 상상하는 것 같다. 역시, 남자들은 부모의 현실을 보고, 여자들은 먼 훗날 자신의 행복을 꿈꾸는 것 같다.

청춘보다 귀한 것이 있을까. 나는 그들을 바라만 봐도 좋다. 내 연배 또래의 여행객보다 아이들이 먼저 보이는 이유다. 머리 빛깔과 피부색이 달라도 통통한 다리에 핫팬츠도 예쁘고, 원피스 자락 나풀거리며 삼삼오오 거리 산책하는 모습이 사랑스럽다. 챙 짧은 밀짚모자를 쓰고 찢어진 청바지에 카메라 하나 달랑 메고 혼자 여행하는 청년도 싱그럽다. 거리에서 뽀뽀하고 스킨십 하는 연인을 보면 내 입안도 달콤하다.

부부는 낮과 밤으로 낯선 나라를 달리며 불안하다. 중앙선 넘어 컨테이너 두 대 사이를 추월할 때, 죽는 것보다 사고에 대처할 능력이 두렵다. 팔을 뻗어 손잡이를 잡고 눈을 감아버리거나 헛발로 브레이크를 밟는다. 말없이 몇 시간이고 달리다가 경치 좋은 곳에서 사람을 만나면 그때부터 목소리 톤이 올라가며 신이 난다. 누군가의 시선이 있어야 표정도 옷매무새도 다듬는다. 여행에서 사람이 가장 귀하다는 궁색한 변이다. 우리 부부는 '에덴동산'의 낭만을 꿈꾸기에는 이미 청춘이 지나간 것일까.

초원에 마타리, 지징개, 보랏빛 수레국화, 미모사, 마거릿, 은방울꽃으로 손바닥만 한 꽃다발을 만들었다. 자연이 선사한 여행의 이벤트다. "던져, 던져!" 어서 던지라는 지인들의 성화가 없었다면, 결코 놓고 싶지 않았던 웨딩 부케와 같다. 하얀 면사포를 쓰던 날처럼 이국적인 풍경에서 '오늘 여기'라는 보너스로 충만하다.

꽃 사진과 함께 친구 레베카 수녀에게 문자를 보냈다. "여기는 보스니아 헤르체고비나^^ 이슬람과 가톨릭이 공존하는 곳. "청군 이겨라, 백군 이겨라!" 깃발 쳐들고 편 갈라 응원하던 우리, 너도 이곳에 한 번 다녀갔으면 해." 친구가 답이 없다. 유부녀와 수녀의 거리려니 했다. 친구는 수녀가 되기 전, 우리 고등학교의 연대장을 했다. 반공 방첩, 수시로 간첩이 나타나던 시절이다. 학교마다 교련복을 입고 제식훈련을 받았다. 친구는 작은 키로 어깨를 들썩이며, 학교 운동장이 진동하도록 구령

소리가 우렁찼다.

　평화를 바라며 끊임없는 종교분쟁과 내란으로 피폐해진 헤르체고비나. 그들의 일상은 먼 나라 사람의 생김새가 신기하여 가는 곳곳마다 친절을 베푸는 소박한 사람들이다. 그렇다. 국적·이념·종교가 무슨 소용이란 말인가. 레베카 수녀는 그즈음 보스니아를 와 보기도 전에 요단강을 건너갔다. 그가 올 곳을 내가 왔다.

　비에 젖은 노란 호박꽃이 친구의 근조등謹弔燈이었다. 서둘러 먼저 간 그곳에서 나의 벗, 레베카 수녀님도 평화롭기를!

거꾸로 캠퍼스

재미작가 공순해 선생이 '현대수필문학상'을 수상한다. 국제적인 레드카펫인데, '코비드 19'로 하늘길 물길 국경이 폐쇄되었다. 그분이 고국에 나와 고향까지 돌아볼 수 있다면 얼마나 좋을까. 안타까운 마음에 내가 대리 수상을 자처했다. 부산에서 기차를 타고 서울 대학로 시상식장에 가니, 공공그라운드의 '거꾸로 캠퍼스'라는 로고가 보인다. 문득 "그래, 내가 대신해 보는 거야!" 바로 2박 3일 일정의 숙소를 체크인했다.

출발! 5학년 교과서를 싸 들고 입성했던 별들의 고향 달동네, 버스를 탔었던 길은 타고, 걸었던 길은 걸어서 가보자. 명륜동 삼양동 돈암동 길음동 종착지는 경기도 포천 분실이었던 초등학교다.

명륜동, 1970년대의 '장미 다방'과 '피네 다방'은 없어졌지만, 623년 전통의 학교는 굳건하다. 야간 학생으로 인문관에서 창경궁 개구멍으로 기어들어 밤 벚꽃을 구경했던 당시는 통행 금지가 삼엄했다. 스트렙토마이신을 복용하는 야학이 오죽했을까. 소녀 가장의 피와 땀으로 낮에 번 돈을 밤에 졸업장도 없는 등록금만 축냈다. 그때, 청춘의 보약인 '연애'라는 백신이 삶을 구원했다. 냉이꽃이 지천이던 명륜당 대성전은 유네스코 세계 문화유산이 되었다. 지나가는 학생에게 금잔디광장 앞에서 창경궁으로 넘어가는 길을 물으니, "선배님 연세로는 무리"라며 '20학번'답게 폴더인사를 한다. 와룡공원길을 따라 중앙고등학교 샛길로 내려왔다.

"업은 아이 삼 년 찾는다."더니, 곁에 두고 맴맴 고추잠자리다. 예를 들어 삼선교 아카데미 과학사나 대지극장을 물으면, 경찰들도 스마트폰부터 꺼내 검색을 한다. 한 동네에서 잔뼈가 굵은 또래 세대라야 옛 지명과 정서를 공감한다. 걸어 다녔던 고등학교는 국제무역으로 이름마저 생소하다. 시절이 시절이니만큼 가는 날이 장날, '코로나 확진자'가 나왔다며 학교를 폐쇄했다. 수위에게 "연못이 아직 있느냐?"고 물으니, 간절한 내 눈빛에 못 이겨 연못이 있던 자리에 들어가 새소리 녹음만 허락받았다.

은행알 추첨 **뺑뺑**이 1세대로 입학했던 사대부속중학교는 진작 폐교했다. 돈암동 태극당 뒤에 아직 유치원부터 대학교까지 다 있지만, 아예 청원경찰이 원천봉쇄다. 당시, 용문과 서라벌이 한판 붙는 날은 대문이 커다란 집들 앞으로 피하곤 했었다. 지금은 빌라와 원룸촌이다. 아침저녁 종아리에 알통이 배기도록 오르내리던 개나리 언덕에 아직 꽃 빛깔 화사하건만 "폭력은 꽃으로도 하지 않는 것" "위기에 처한 이웃을 적극적으로 도와주세요" "이곳은 경찰 특별순찰 구역"이라는 노란 경고 팻말만 학교 담벼락에 즐비하다.

당시, 교문이 없어 개나리 핀 꽃길로 들어간 교실에서 초임 국어 선생님을 만났다. 긴 생머리에 끈 두 개가 말갛게 비치는 하얀 블라우스, 몸에 딱 붙는 미디스커트와 뾰족구두에 매료되어, 등굣길 미아리고개에 있는 양재학원을 올려다보았었다. 선생님이 교생실습 나갔던 이야기를 하신다. 숨소리 하나도 놓치지 않으려고 귀 기울였다.

"세상에, 그곳 아이들은 소 같더라. 옥수숫대를 질겅질겅 씹더라고."

순간, 반 아이들이 까르르, 설사 터지듯 웃었다. 분명, 소 이야기를 들었는데 나는 쥐구멍을 찾았다. 모두 "너지?" 손가락질하는 것 같았다. 어디 옥수숫대만 씹었겠는가. 수수깜부기도 우적우적, 메꽃 뿌리, 칡뿌리, 돼지감자, 개살구, 배추 꼬랑지. 찔레, 삘기, 오디, 목화송이를 따먹고 캐 먹고 분질러 먹었다. 그래도 나는 한 번도 소 같다, 돼지 같다는 생각은 해본 적이 없다. 벌써 반세기 전의 일이다. 가축과 함께 살았던 촌아이는 그 후, 생활 곳곳에서 공중화장실을 찾아 헤맸다. 그때 배알이 꼬인 설사 덕분인지, 아직도 개미허리 감각을 유지하며 '은발의 패셔니스타'를 꿈꾼다.

여덟 살이 되던 해 건넛마을에 분실이 생겼다. 두 개뿐인 교실에 비라도 내리는 날은 두 학년이 합반 수업을 받고, 맑은 날은 운동장의 돌을 삼태기에 주워 담았다. 겨울에는 솔방울로 난로 때고, 여름에는 개울에 나가 멱을 감았다. 검정 팬츠와 흰 러닝셔츠에 고무신을 신고, 본교에 반나절 걸어가서 운동회를 하고 달을 보며 돌아왔다. 책보자기에 책을 싸 허리에 묶고 개울 건너 등교하는 촌놈들에게 "견문을 넓혀야 한다."라며 4학년 때 담임선생님은 서울 나들이를 강행하셨다. 서울 남산에 있는 리라 초등학교를 견학했다. 교실, 통학버스, 교복, 모자, 가방도 온통 샛노란 빛이 그림엽서 같았다. 창경궁을 둘러 찾아간 신문사 5층 사옥에서 귀청이 떨어질 듯 '윙~~~' 소리와 함께 신문이 나오던 정경은 내게 벼락 같은 신문화였다. 일손을 놓고 자식 덕분에 서울 나들이라고, 고운 한복 차림으로 따라오신 엄마들을 일일이 사진을 찍어주셨다. 그 이듬해, 우리 식구는 서울로 이사하여 나는 미아초등학교 제6회 졸업생이 되었다.

의정부에서 시외버스를 타고 송우터미널에서 내렸다. 예전 오일장이 서던 장터는 당최 가늠이 안 된다. 언어와 얼굴빛이 다른 외국인 근로자들만 북적인다. 비까지 세차게 내린다. 걸어다니던 이가팔리 초가팔리 방아다리 마을은 어디쯤일까. 아스팔트 찻길은 첨벙거리고 밭두둑은 질퍽해서 콜택시를 불렀다. 차창 밖이 온통 뿌옇다. 아까시꽃 하얗게 피었던 고모리 과수원 길은 풀꽃 소녀의 빛바랜 기억창고에나 있다.

드디어 도착! 비바람에도 알록달록한 학교 건물이 크레파스처럼 선명하다. 코로나로 닫은 학교 중앙교단으로 올라갔다. 아~, 벅차다. 청군 백군의 줄다리기에서 이긴 것도 아닌데, "만세!" 만만세다. 만약 그 시절, 아버지가 집으로 돌아오셨더라면, 나는 정교초등학교 '제1회' 졸업생이 되었을 것이다. 그날, 운동장의 '책 읽는 소녀상' 옆에 하얀 손수건에 이름표를 단 겁에 질린 꼬맹이를 만났다. "그래, 장하구나. 이제 괜찮다, 너와 나는." 때마침 주춤했던 빗줄기가 축복의 세례를 퍼붓는다.

영화 〈인생은 아름다워〉에서 아비 귀도는 "아들아, 아무리 처한 현실이 이러해도 인생은 정말 아름다운 것이란다."라며, 강제수용소에서 유대인의 차별에 굴하지 않고, 스스로 희극배우가 되어 어린 아들을 지킨다. 제아무리 팬데믹이, 목소리 큰 폭력의 세계가 우리를 짓밟으려 해도, 인간의 의지와 긍정의 유머는 잠재울 수 없다. 엄마 젖을 찾아가는 타박네처럼 거꾸로 하굣길을 걸어봤다.

인생은 시절마다 아름답다.

몰입

 무엇에 몰입할 수 있을까.

 어느 날, 동희 씨가 책을 건네주면서 그곳에 한번 가보라 했다. 책은 취향이다. 얼마간 책상 위에서 뒹굴었다.

 《그 섬에 내가 있었네》 사진작가 김영갑, 그는 그 섬에 있었다. 한라산의 옛 이름이기도 한 '두모악'은 그가 절박으로 빚어 만든 '김영갑 갤러리'다. 그는 한라산 자락에 핀 꽃이다. 여느 꽃처럼 서서히 시들지 않고, 송이째 "툭" 자신을 버린 동백꽃이다. 그러나 동박새는 모른다. 선홍빛 울음이 묻어나는 동백꽃을 피우기까지 작가 김영갑이 견뎌낸 고통의 시간을…. 눈비 바람 가뭄 혹한과 무더위를 기억하지 않는다.

 "이젠 끼니를 걱정하지 않는다. 필름 값을 걱정하지 않아도 될 만큼 형편이 좋아졌다. 그런데 카메라 셔터를 누를 수 없다. 루게릭병으로 침대에 누워 무언가에 몰입할 수 없는 하루는 슬프다. 병이 깊어지면서 삼 년째 사진을 찍지 못하고 있다." 그는 춥고 배고팠던 시절을 그리워한다. 그의 절규는 차라리 기도문이다.

 나도 글을 썼다. 가장 힘든 시간에 쓰기 시작했다. 어머님의 병시중을 들며 병원 계단에 앉아 글을 썼고, 일하러 다니면서 정류장에서 버스를 기다리며 글을 썼다. 지금은 몸도 마음도 평정심을 찾았는데 자꾸 한눈을 판다. 내 글이 평론가에게 인정받는 글이 아니라도 좋다. 앞집 꽃잎이 엄마가 눈물 글썽일 수 있는 진솔한 글이면 충분하다. 글 쓰는 사람이 글로 이야기하면 그뿐, 일일이 독자들을 찾아다니면서 부연할 수는 없다.

 김영갑은 말로 설명할 수 없기에 사진으로 표현한다고 했다. 절정의 순간은 찰나에 사라지고 만다. 그래서 더 황홀한지도 모른다. 화가 모네는 아내 〈카미유의 임종〉 앞에서 시시각각 변하는 주검의 빛깔에 몰입한다. 김영갑은 자신이 모네가 되고 카미유가 되어 마지막 순간까지 자신의 삶을 셔터로 누른다. "나는 세상 돌아가는 이치가 궁금해 사진작가가 되었다." 사진을 찍으며 아름다운 세상을 보았다고 말한다. 그가 본 세상, 그 아름다움은 무엇인가.

 화가는 삶을 화폭에 담고, 음악가는 오선지에 담는다. 나는 어떤가. 원고지보다 더 자주 스마트 폰에 삶을 담는다.

 몰입이 멀다.

아뿔싸

카스

어느 분이 질문한다. "카스하세요?" "저는 별로 가리지 않아요" "…." '대체 뭐야?' 하는 눈초리다. 실제로 나는 술은 장르를 가리지 않는다. OB든 크라운이든 아사이든 기네스든 실온이든 슬러시든 상관하지 않는다. 소주도 그렇다. 시원이든 참이슬이든 안동소주든 분위기 따라 폭탄주라도 "위하여! 위하야!" 눈빛 마주치고 화합의 건배를 할 수 있으면 술은 다 좋다. 취한 듯 술술 달아오르던 강의실 안의 열기가 기네스 맥주 거품이 가라앉듯 검게 변하며 싸하다.

아뿔싸! 내 어찌 알았으리. 카스가 '카카오 스토리Kakao Story'라는 것을!

카톡

처음 카카오톡이 나왔을 때, 나는 즉시 대답해야 하는 줄 알았다. 종결본능의 정신으로 답을 보내느라 밤새 잠을 설쳤다. 소모임 회의도 카카오톡으로 한다. 서로 얼굴을 보지 않고 대화하니, 대놓고 반대의견이 없어 편리하다. 목소리와 표정이 없어도 스트레스가 쌓이기 시작한다. 그마저 번거로워 이모티콘의 상형문자로 부끄러워용. 안돼용. 삐친 척, 떨리는 척, 놀란 척, 자는 척, 표정을 보낸다. 어느 날 아이가 "왜요? 엄마!" 정색하며 전화했다.

아뿔싸! 깨진 하트 '이모티콘Emoticon'이 잘못 갔다. 어미의 사랑은 늘 온전하다.

내비아씨

내비는 눈이다. 내비는 귀다. 유럽 프로방스를 돌다가 첫 번째 로터리로 빠져나가라고 쉴 사이 없이 종알대던 내비가 한동안 말이 없더니 이내 죽어버렸다. 멍청하게 시키는 대로 운전하던 우리 부부는 현지에서 유럽형의 '톰톰'내비를 구매했다. 이건 또 뭔가. "턴, 라이트" 이후 3시간쯤 고속도로를 달려도 당최 말이 없다. 기다리다 지쳤는지 가방 안의 내비아씨가 다시 살아났다. 톰톰도령은 고속도로로 가라 하고, 종알아씨는 라벤더와 해바라기 꽃을 보며 낭만을 즐기라고 시골길로 안내한다.

아뿔싸! 내 마음을 들켰다. '내비게이션Navigation'은 신이 내린 선물이 맞다.

셀카

여행을 다니면서 무조건 '찍자, 생존!'을 실행한다. 카메라를 들고 "익스큐즈 미?" 한마디면 국적을 막론하고 흔쾌하게 응하더니, 점점 인류애가 사라진다. 어느 때부턴 슬그머니 '당신은 지금 실례하고 계십니다.'가 되었다. 일행이 있어도 혼자 셀카를 찍는다. 입을 쭉~ 내밀기도 하고 살짝 멋쩍게 웃어도 보는 팬터마임이다. 추억의 '인증샷'을 남기려면 현장의 배경이 중요하다. 짧은 팔을 대신하여 나에게 맡겨보라고 긴 막대기가 꼬드겼다. 그렇다고 매번 조준에 성공하는 것은 아니다.

아뿔싸! '셀카봉(Selfie stick)'을 치켜들고 찍었더니 정수리만 나왔다.

밴드

도서관 자원봉사 선생님들이 회의 안건으로 제안한다. "우리, 밴드 만들어요." 밴드? 이건 정말 내가 할 수 없는 영역이다. 내가 입학했던 분실 초등학교에는 피아노는커녕 풍금조차 없었다. 노래방에서도 나는 목소리의 높낮이와 박자를 맞추지 못한다. 중국어 공부를 하면서도 사성四聲이 어려워, 또박또박

국어책처럼 읽었다. 깡통을 막대기로 두들기며 참새 쫓는 일도 제대로 못 하던 음치 박치 몸치인데, 내 어찌 악기 연주를 할 수 있을까.

아뿔싸! 소수의 회원을 조직하여 모임을 결성하는 '밴드band'를 내 어찌 알았으리.

애비

어느 시어머니가 홈쇼핑을 보면서 꼭 사고 싶은 물건이 있다. 곱게 생긴 여자 호스트가 '애비'를 깔면 10%를 더 할인해 준다고 한다. 머리숱이 없는 사람에게 자신감을 살려주는 '뽕고데기'. 지금 사지 않으면 놓칠 것 같아 다급해진 시어머니가 며느리에게 전화한다. "에미야, 애비 집에 있냐?" "예, 있습니다." "그래, 마침 잘됐다. 어서 애비를 깔고 앉아라." 티브이를 켜고 물건을 주문하라 재촉한다. "오늘따라 니 시애비는 어딜 나가 들어오지도 않는구나."

아뿔싸! 그놈의 애비가 그 '앱Application Store'이라는 것을 어찌 안단 말인가.

알파고

이세돌 구단이 알파고와 대국한다. 중학교 학부모들이 '알파고'가 어느 구에 있느냐는 전화가 빗발친다고 한다. 그런데 알파고 그 녀석이 사람이 다니는 학교가 아니란다. "뭣이라!" 오기가 생겼다. 기계가 만물의 영장인 인간에게 감히 도전하다니, 인공지능은 어디까지나 인간의 도구다. 가슴 따뜻한 인문학을 말하며, 사람이 이기는 그날까지 "나는 논어 수업을 할 것이다." 큰소리쳤다. 에구머니! 강제로 전기 코드를 뽑지도 않았는데, 제4국에서 인간 이세돌이 알파고를 이겼다.

아뿔싸~! 어쩐다. '알파고AlphaGo' 때문에 나, 논어 강사 그만둬야 하는가.

키오스크

그 흔한 코로나도 걸리지 않았는데, 열을 받는다. 팬데믹 여파로 비대면 문화의 신생아다. 판때기 기계가 '어디, 해볼 데면 해봐!' 떡하니 버티고 서 있다. 입으로 5개 국어를 한다고 골백번 자랑해도 속수무책 "열려라, 참깨!"가 통하지 않는다. 대구로 서울로 강연을 오가며, 공항 커피점 앞에서, 고속도로 휴게소 식당 앞에서, 우두커니 멍하다. 삿대질 주먹 부림은 어디 갔는지, 손가락 하나 움직이지 못하고 '터치 멍'을 때린다. 그림이 자꾸 누르라고 재촉해 꾹꾹 눌렀더니, 짜장면이 열 그릇이다.

아뿔싸~! 스크린 터치. '키오스크kiosk' 내 돋보기와 검지로 당당하게 대면하자.

멀미

웨트슈트wet suit 안이 찜통이다. 숨 참는다. 아무것도 보이지 않는다. 진땀이 나더니 춥다. 선실에 내려갈 수 없다. 옆에 있는 비닐봉지도 손에 닿지 않는다. 담요, 슬리핑백 무엇으로도 추위를 막을 수 없다.

얼마나 지났을까. 바다에 배들이 많다. 짙푸르다. 넘실댄다. 은빛 먼바다에 멀리서 풍력 기가 그림처럼 돌고 있다. 둥둥 내 몸이 허파에 바람이 들어갔는지 애간장이 다 들뜬다. 바다에 나온 지 얼마나 지났을까. 세일 접는 소리와 함께 뱃머리를 돌리고 맞바람을 받아 지그재그로 태킹하여 돌아온다.

결기에 찼던 스키퍼skipper, 남편은 어디에 있을까. 펄럭펄럭 세일sail이 바람을 조율하고 있다. 간간이 해양 경찰들과 선주들이 무선으로 교신하는 소리는 급함도 완만도 낭만도 없다. 순간, 남편의 목소리가 들린다. "미안합니다, 들어가서 뵐게요."

매우 다급하다. 사고가 났다. 들리기는 하는데 보이지는 않는다. 아니 눈을 뜨면 모든 것이 끝날 것 같다. 나는 검은 비닐봉지 안에 얼굴을 집어넣고 젖은 걸레처럼 널브러졌다. 꿈결인 듯 멀리서 아들이 손을 흔든다. 되돌아왔다. 볕이 따뜻하다. 4~5시간 동안의 세일링. 나른한 햇살과 살랑이는 바람에 내가 입었던 슈트 점퍼 티셔츠가 배 난간에 휘날린다. 돛을 세로로 올리는 건 항해 중이고, 가로로 빨래 빛바래기를 하는 건 정박이다. 정박은 일상이다. 내 손으로 물옷을 벗지도 못했다. 나는 혼미한 상태였다.

돛을 펼쳐 제주 김녕항에 들어갔다. 바다가 투명하고 깊은 물과 풍경이 고즈넉한 어촌이다. 조용하고 규모는 작지만, 국제요트학교도 운영하는 테마항이다. 계류장 한 칸을 한 달 임대하였다. 다른 배들은 오후가 되면 선주가 다 나간다. 계류장 안에서 닻을 내리고 투숙하는 외지인은 우리뿐이다. 낮에는 이웃 배 선주들이 낯선 배를 구경하러 오기도 한다.

'한라봉호' 청년 선장이 어제도 주더니, 오늘도 왕사발만 한 문어 한 마리를 선물한다. 인사를 해야 하는데, 다 토하고 퍼졌던 해골 같은 몰골로 고개만 까닥였다. 그는 음악이 좋아 제주 시내에서 레코드 카페를 운영한다고 했다. 코로나 여파로 손님은 없지만, 그래도 금요일 오후니 카페에 가 봐야 한다며 마무리 곡으로 〈벚꽃엔딩♬〉을 들려준다. 한적한 바닷가 물빛과 하늘빛 배경에 버스커버스커의 목소리와 멜로디가 감미롭다. 사실 나는 1970년대 종로2가 양지다방 DJ가 있던 다방세대다. 그러나 시대 따라 슈퍼밴드 '호피폴라'까지 섭렵했다는 걸 그는 모른다. 그래도 어딘가. 이미자의 〈동백 아가씨〉나 〈여자의 일생〉이 아닌 것이, 하마터면 꼬부랑 할머니 대접을 받을 뻔했다. 우리가 선착장에 매어 놓은 통발에도 작은 우럭 한 마리와 손가락만 한 꽃게가 네 마리나 잡혔다. 한라 선장이 준 문어도 매달아 놨다. 평화로운 오후다.

아들이 잠수복을 입고 배 밑으로 들어갔다. 스크루screw에 얽힌 이물질을 제거하기 위해서다. 낚싯줄뿐만 아니라 수초나 쓰레기들도 덥수룩하게 엉켜있다. 이 정도면 엔진을 켜도 배가 나갈 수 없다. 물속 촬영하는 장면을 TV 프로그램에서 볼 때는 아들이 자랑스럽더니, 실제 내 눈앞에서 뛰어드는 모습은 차마 볼 수가 없다.

아침바다 갈매기를 따라 가파도 쪽으로 나가다가, 마음이 급하여 거리 두기를 어겼던 모양이다. 바다에서 싸우면 바로 해적이 된다. 육지에서 보자며 뱃머리를 돌려 되돌아왔다. 한나절쯤 지난 후, 하버harbor장 끝에서 건장한 중장년 사나이가 씩씩대며 걸어온다. 옷은 전투복이 아니나, 이미 기세가 충천하다. 검은 얼굴이 벌겋게 달아오른 그의 불끈 쥔 주먹이 여차하면 한 방 먹일 기세다. 남편과 아들은 머리를 조아린다. 나도 뒤에서 두 손을 모으고 "제가 멀미를 심하게 해서…"라며 거듭 거듭 죄송하다고 했다. "죄송한 건 맞고요." 낚싯대값, 줄값, 무슨 값 무슨 값… 합이 얼마인데, 10만 원만 달라고 한다. 즉시 봉투를 건네니, 뭐 그럼 5만 원만 받는다며 떠났다. 뭍의 사람이 김녕 어촌계에 들어와 사고를 쳤으니, 지역 주민에게는 꼼짝 못 한다. 그가 어부인지 낚시꾼인지 알 수는 없지만, 남녀 부부다. 코로나의 사회적 거리처럼, 배와 배 사이 거리 두기를 해야 한다. 같은 방향으로 지나가는 작은 모터보트로 착각했었는데, 인근에 정박하여 조업하는 배의 낚싯줄을 건드렸던 모양이다. 섬에 들어갈 때, 외지인은 현금을 가지고 가야 한다. 바다에서 일어나는 자잘한 사고, 예를 들어 밤에 항해하다가 가두리 양식장의 그물을 건드렸다든지, 멀리 있는 부표와 수역을 잘못 들어갔을 때는 즉시 현장에서 현금으로 보상을 해야 뒤탈이 없다고 들었다.

  후유~, 한시름 놓았다. 그런데 잠시 후, 활기차게 다시 걸어온다. 이를 어쩐담! 한 손에 두툼한 은빛 칼이다. 서슬 퍼런 몸통이 좌우로 휘어지는 돔 한 마리다. 고기의 짙푸른 눈이 어찌나 큰지, 너희들이 한 짓을 다 보고 있었다는 CCTV 촉수다. 그는 생물을 맨손으로 움켜쥔 채, 우리에게 불쑥 내밀며 "이거, 잡숴요, 오늘 잡은 거니까." 돔 아가미는 날카로운데 어부의 말투는 무디다.

요즘, 드루킹의 아무 연관도 없는 사안에도 말끝마다 '이게 나라냐?' 댓글 날리듯, '이게 나라다.' 통 크게 통쾌하다. 어부의 진수를 눈앞에서 본다. 우리 부부는 쪼잔하게 5만 원을 더 갖다 드릴까, 말까? 고민하니, 아들이 그분의 선한 마음을 모독하는 거라며 망설임을 단칼에 자른다. 해 질 녘 짐을 챙겨 나가는 부부를 쫓아갔다. 항해 도중 가족의 비상식량인 코코아 한 상자를 드리니, 부부가 마주보며 만면에 웃음이다. 주황빛 노을에 바다 빛도 안온하다.

(2020년 4월 제주. 코로나로 전국의 학교, 공항, 세계의 국경도 폐쇄되었던 시기)

마도로스

풍경이 고즈넉한 어촌이다. 작고 조용한 계류장 한 칸을 한 달 임대하였다. 다른 배들은 오후가 되면 선주들은 집으로 간다. 계류장 안에서 투숙하는 사람은 우리뿐이다.

김녕항에 도착한 날부터 〈태양은 가득히〉 영화에 나온 듯한 고풍스러운 요트가 눈에 띄었다. 골동품처럼 목조 핸들❋이다. 금방이라도 1960년대 신인배우였던 '알랭 드롱'이 웃통을 벗은 채, 배 키를 잡을 것 같은 클래식 자체다. 며칠째 목소리 우렁찬 '클 촌' 요트 선장이 인부들과 배의 녹슨 흔적을 벗겨내느라 분주하다. 그 지역에서 가장 큰 횟집을 한다며 자랑한다. 양동이에 담은 활어를 보여주니 '옳거니, 임자를 만났다.' 이런 건 "내가 전문"이라며, 우리에게 묻지도 않고, 바로 눈을 "푹" 찔렀다. 그 예 또 파고가 솟구친다. 우리는 팔뚝만 한 도미와 문어를 맡기면서, 대신 밥을 먹으러 가겠다고 했다.

시내에서 음악카페를 운영한다는 한라봉 선장한테 횟집에 같이 가자고 하니, 카페에 나가봐야 한다며 극구 사양한다. 아무리 구슬려봐도 매정스레 거절한다. "클 촌 선장은 한번 잡은 물고기나 손님은 절대 놓치지 않는다." 누구 하나가 끝장이 나야 끝낸다며, 목소리는 부드럽게 눈빛만은 단호하게 자리를 피한다. 클 촌 선장의 목소리와 허세가 크기는 하지만, 호방하여 은근히 호감이 갔다. 우리는 술은 제사 지내고 음복도 못 하는 집안이라고 철통방어로 쎄리 못을 박았다.
　고우, 고우! 클 촌으로. 역시다. 내비게이션을 켜서 도착하니, 주차장이 운동장이다. 관광버스도 몇 대가 도착할 크기다. 횟집으로 들어서니 실내 또한 축구장처럼 넓다. 손님은 한 명도 없다. 코로나 여파다. 1970년대 원양어선 선장으로 바다를 누비며 성공한 사장님. 말만 허풍이 아니라 안채 바깥채에 뗏목을 엮어 만든 배의 기록 사진들과 신문기사의 액자들이 즐비하게 걸려있다. 참으로 어마무시한 도전이고, 인생 한 판 걸판지게 살아온 역경의 주인공이다. 더러는 바다에서 동료를 잃기도 하고, 항해의 성공도 하고, 땅도 사고, 횟집으로 크게 돈도 벌었다는 그의 파란만장했던 기록 사진이 다큐멘터리 국제영화제 깃발처럼 성공신화다. 우리 식구들도 그를 가운데로 모시고, 엄지손가락을 치켜들며 인증 사진을 몇 방이나 쿡쿡 찍었다.
　낚싯바늘에 코 꿴다는 말이 있다. 제대로 걸렸다. 창밖의 성산 일출봉 풍경이 파노라마로 펼쳐지는 배경에 압도당했다. 바다가 훤히 보이는 맨 바깥쪽 창가 좌석에, 드디어 목소리 우렁찬 사장님이 짠~! 술병을 들고 나타났다. 술은 그분 혼자 마시고, 남편과 아들은 연방 술을 따르기만 했다. 우리는 세 명인데, 한 사람의 말발에 눌려 따뜻한 밥도 칼칼한 매운탕이 식은 것도 떠먹지 못하는 신세가 되었다. 말하는 사이사이 비위 맞추며 슬쩍슬쩍 떠먹다가 걸리면, 숟가락 빼앗기는 것은 물론 젓가락으로 도미처럼 눈도 찔릴 판이다. 꼼지락꼼지락 꼼짝할 수가 없다.

"배 타는 남자는 정박하는 곳마다, 여자가 있다." 여자는 필수라며, 말끝마다 우리는 마도로스. 바다의 사나이는 바다에서 태어나 바다에서 싸우다 바다에서 죽을 목숨. 내 구릿빛 팔뚝을 보란 말이야! 흐하하하. 나는야, 바다의 풍운아~♬ "십장생 개나리 시베리안 베스키, 수박씨 발라먹는 귀신 씻나락에 후렴구로 C~ 8, C~ 8". 싱싱한 도미회와 문어는 분명 우리 것이었지만, 밥과 술 매운탕 허세 욕설은 그분만의 전유물 진수성찬 메뉴. 그 집 사모님의 '똑같은 것들이…' 우리를 한 두름으로 엮어 경멸하는 눈빛. 떡 벌어진 어깨를 으스대며 자주 왔다 갔다 제압하는 사장 아들의 발걸음, 종업원들이 오며 가며 '저 눈먼 잔챙이들은 어디서 또 낚아 왔지?' 컴컴한 문밖의 개들마저 얼쩡거리며 한심한 듯 우리를 들여다본다.

어찌 그곳에서 빠져나왔는지 기억에 없다. 아니, 지워버렸다. 아마 돌아오면서 다시는 그 방향으로 가지 못하게 차 바퀴 네 개를 직진용으로 바꿔 끼웠을지도 모른다. 그날 배 안에서 남편 옆에 꼭 붙어 손까지 잡고 잤다. 아이에게도 아빠 같은 신사가 너의 아빠라서 정말 감사하다는 말을 몇 번씩이나 했다. 사실 그날까지 내 남편이 신사인 줄은 전혀 몰랐었다. 그분 덕분에 남자의 무게 품격 존경이라는 단어를 새삼 기록한다.

  코로나도 물러간 무덥고 무료한 여름, 문득 마도로스의 자긍심이 그립다. 미스트랄급 센바람에 돛을 펄럭이고 싶다.

오키나와에서 사보르까지

　새댁시절, 초인종 소리가 들리면 앞치마를 입은 채 쪼르르 대문으로 달려나갔다. 우유 배달원이나 전복 껍데기를 사러 온 아주머니는 주인이 없느냐며 시선으로 나를 밀어냈다. 우량아 선발대회를 하며 통통한 몸이 부의 상징이던 시절이었다. 수수깡처럼 깡마른 며느리를 어머님은 '대문이 부끄럽다.'라며 안타까워하셨다.

　7세기 후반 일본은 불교의 영향으로 식생활이 보잘것없었다. 덴무 천황이 '살생과 육식을 금지하는 칙서'를 발표한 이래, 1,200여 년 동안 육식을 먹지 못했다. 메이지유신을 맞아 "서구를 따라잡아 서구를 뛰어넘자!"라는 구호로 스물한 살의 메이지 천황은 하루아침에 "육식은 양생을 위해서라기보다는 외국인과 교제하기 위해 먹는다."라며 해금을 한다. 바로 '돈가스의 탄생'이다. 화혼양재和魂洋才’ 즉, 일본의 전통적인 정신을 잃지 않고 서양문화를 배워서 조화시키고자 하는 '요리 유신'이다.

거리에 처음 육식 음식점이 들어섰을 때, 일반 서민들은 고기 냄새를 맡지 않으려고 코를 막고 눈을 가린 채 가게 앞을 지나갔다고 한다. 서양 음식을 먹으며 목구멍으로 넘기지 못해, 드디어는 굶어 죽기 직전 상황에까지 내몰리게 된다. 이렇듯 거부반응이 있었지만, 육식은 정부의 지식인으로부터 아래 서민으로, 양식의 개발은 아래서부터 위로 진행된다.

유난히 밥에 집착을 보이는 일본인들. 고급스러운 서양요리와는 쉽게 친숙해지지 못했지만, 대신 밥과 잘 어울리는 독특한 양식을 만들었다. 카레라이스, 고로케, 돈가스 같은 양식을 개발하여 일양 절충형의 요리법으로 일본인의 식탁은 풍부해진다. 문명개화를 위해 일본인들은 빵을 구워 중국식 팥소를 넣어 소금에 절인 벚꽃 꽃잎을 빵에 박아 단팥빵을 만들고, 영국식 미국식 프랑스식 빵으로 서민들의 식탁에도 매일같이 국적 없는 빵이 오른다.

그래서였던가. 시어머님은 일본에서 태어나 해방되던 해에 한국에 오신 분이다. 생활방식이나 식탁이 한일 절충형일 수밖에 없다. 결혼하기 전, 나는 빵과 우유는 아이들의 간식 수준으로만 알았다. 밥이 보약이며 밥심으로 산다고 여겼다. 그런데 시댁 어른들은 아침으로 빵을 드신다. 밥이면 있는 반찬에 국 하나 더 끓이면 아침 식사가 될 것을. 빵을 굽고 과일이나 채소를 갈아 주스를 만들고, 매일 바뀌는 감자 마카로니 양상추 마요네즈에 집에서 손수 만든 무화과나 살구잼 등. 샐러드 종류에 두세 시간을 꼬박 서서 식구들의 시중을 들어야 했다. 후식으로 커피까지 마시고 나면, 나는 지쳐 혼자 구석에 앉아 전날 저녁에 먹다 남은 국에 밥을 말아 먹었다. "우리 서울 며느리, 촌스러워서 우짜노." 나를 애처롭게 여기셨다.

'햇볕 냄새가 배도록 볕에 잘 말린 황금색 빵가루를 입혀 튀긴 바삭한 돈가스를 한입 가득 먹고, 양배추를 아삭아삭 씹어 입안의 기름기를 씻어낸다. 혀의 감각을 혼란스럽게 하는 일 없이 고기와 같이 부서지는 일체감. 돈가스를 한입 먹고 입안에 남는 느끼함을 없애주는 양배추의 산뜻한 느낌이 더 맞았다.'라고 일본인들은 말한다. 어머님은 돼지고기 살 돈이 없던 시절, 난전의 싼 고등어나 꽁치 등을 튀겨내어 돈가스 효과를 내셨다고 한다. 당시 남편 친구들은 누구 집에 가서 밥을 먹었다고 하지 않고 요리를 먹었다고 말한다. 물론 생선튀김 옆에는 양배추를 곁들였을 것이다. 어머님이 왜 그렇게 양배추 채에 마음을 두셨는지 알 것만 같다.

나는 양배추 채를 가늘게 써는 일에는 달인이다. 전날 저녁에 양배추 잎을 포를 뜨듯 발라내어, 채를 쳐서 얼음물에 담가 놔야 아침에 생생하게 살아난다. 몇 년을 한결같이 중국집 주방장처럼 익숙하게 칼질을 해도 간혹 줄기가 섞일 때가 있다. 그런 날 어머님은 식사 도중, 이불 꿰매는 돗바늘을 가져오라 하신 다음, 채썬 양배추잎 줄기를 바늘귀에 꿰라 하셨다. 왼손이 하는 일을 오른손이 모르게 하라는 말이 있다. 가늘게, 가늘게, 더 가늘게…. 어머님의 서슬에 베이지 않으려고 왼손이 오그라지는 것을 오른손으로 무던하게 덮던 시절이다.

한 조각의 돈가스에는 수많은 일본인의 지혜가 응축되어 있다. 세계에서도 유례를 찾아볼 수 없는, 서민의 힘으로 요리를 창조해 갔다. 오키나와에서 삿포로까지 마치 벚꽃 축전의 행렬과도 같이 삽시간의 꽃구름처럼 점차 올라갔다. 예를 들어 '17茶'가 몸에 좋다 하면, 누구나 17차 병을 액세서리처럼 들고 다니는 획일적인 나라. 퓨전으로 전통을 재창조하고 지켜나가는 일본문화다.

일본에서는 싸구려 월급쟁이도 월급날이면 먹는다는 돈가스다. 돈가스를 먹어서일까. 생활 수준이 높아지면서 영양의 균형으로 체력도 향상되었다. 또한, 학교 급식의 영향으로 점보 코너가 생길 만큼 체력은 웃자랐다. 지금은 어떤가. 물질의 풍요와 과잉섭취 탓에 동서양을 막론하고 성인병으로 골머리를 앓고 있다. 그렇다. 인류를 살찌우는 '돈가스 시대'는 이제 거부당하고 있다. 세계는 지금 다이어트 중이다. 일본은 근대사 튀김옷을 벗을 때다. 힘의 열강이 아닌, 부드러운 감성으로 이웃나라와 함께 걷는 '문화 유신'을 할 때다. 거친 밥과 나물국으로 웰빙 시대다.

　그러나 나는 돈가스고 나물국이고 먹는 것에 관한 한, 가타부타 말할 자격이 별로 없다. 많이 먹어내지도 못하며, 즐겨 먹지도 않는다. 먹으려고 사느냐, 살려고 먹느냐 묻는다면 나는 당연히 살려고 먹는다. 맛보다는 빈속을 때우는 '끼니' 수준이다. 한끼만 안 먹어도 허리가 접어지는 부실한 몸이다. 끼니마다 밥그릇 밑바닥이 보이기 시작하면 세 숟가락만 먹으면 끝, 두 숟가락만 먹으면 끝. 숙제처럼 밥 먹는 '밥맛 없는 여자'다.

　옛날 어른들은 밥 먹는 모습에 복이 들었다고 말씀하신다. 그렇게 본다면 나는 참 복이 없어 보인다. 사실 누군가가 나에게 만 원짜리 이상의 음식을 사주면 집에 와서 반드시 화장실을 들락거린다. 기름진 것이 살이 되지 못하고 부담으로 배설된다. 그러나 오천 원 정도는 괜찮다. 오히려 된장찌개나 칼국수의 따뜻함이 온정으로 두터워진다. 퓨전 식탁의 달인이신 어머님도 돌아가셨다. 내 삶이 반들반들 윤택하지 못하듯, 나의 몸은 여전히 대문이 부끄러운 가난한 여자다. 결코, 엥겔지수가 비싸게 치지 않으니 경제적으로 보자면 나의 남편만 횡재한 셈이다.

6부

살롱에서 체크아웃

난민촌
문양紋樣
카푸치노 타임
낮술
솜틀집 손녀딸
어에 머물다
타타타, 메타
류밍웨이
살롱, 체크아웃

난민촌

 네팔, 그곳은 그가 살고 싶어 하던 곳이다. 남편은 그곳에 가려고 명예퇴직을 하고 어학연수까지 떠났었다. 그해에 네팔의 수도 카트만두에 지진이 났다. 그 현장은 허망하게 건물과 사원이 산산조각 내려앉았다.
 아이들을 결혼으로 분리 독립시키고, 눈앞에 펼쳐질 노후가 온통 꽃밭일 거라고 여겼다. 웬걸, 복병이 나타나 부부를 옴짝달싹못하게 붙잡았다. 자진해서 유배 생활을 시작했다. 바로 손자 녀석이다. 바다와 하늘이 만들어낸 꿈돌이다. 꿈에 그리던 '제2의 인생'은 밑그림부터 다시 그려야 한다.
 현재 뾰족탑 옥탑방에서 아이를 돌보고 있다. 그동안 그런대로 잘살아 왔다. 인생 한바퀴 돌아 다시 시작하는 나이다. 나는 여행을 가자 했으며, 남편은 이제 더는 나다니지 말자고 했다. "당신, 네팔 가고 싶어 했잖아요." 네팔은 내가 그에게 주는 여행선물이다. 물론 네팔에 살려고 가는 것은 아니고, 잠시 휴정의 시간이다.

　새벽에 공항으로 가는 택시를 탔다. "어디를 가느냐?" 네팔이라고 하니 "네팔은 별이 아름답다고 들었다."며, 어느 부부가 네팔로 이별 여행을 갔다가 별빛이 너무 아름다워 돌아와 함께 잘살고 있다고 말한다. 포카라의 별빛은 그럴 만했다.

　남편은 히말라야 안나푸르나 A 코스로 세르파 한 명과 등반을 떠났다. 나는 날마다 페와호숫가에서 동서남북을 땅따먹기 놀이처럼, 몇 킬로씩 더 멀리 확장하며 걸어 다녔다. 티베트 난민들이 사는 난민촌은 아주 낙후된 곳이다. 한국인이 운영하는 여행안내소 '놀이터' 청년이 "나는 잘사는 나라 코리아에서 왔다." 그런데 내가 여기서 스쿠터 타고 일하는데, 그들은 난민이라며 왜, 외제 차 끌고 다니느냐? 난민촌에 볼 것도 없으니, 가지 말라고 말린다. 그는 네팔에 온 지 6개월이나 되었는데, 아직 한 번도 안 가봤다고 한다.

　난민은 선택한 삶이다. 배가 고파 빵을 구하러 올 수도 있지만, 자유를 선택해서 올 수도 있다. 외국산 차 타는 것은 당연하다. 네팔 자체에서 생산하는 차가 없으니 다 수입차다. 일단, 물질이든 정신이든 잘살려면 꼬인 마음부터 풀어야 한다. 나부터 그러고 싶다. 외국 여자가 혼자 다니는 것은 소매치기의 표적이 되며 목숨도 위험하다고 겁을 준다. 나는 그들의 눈을 보며 웃는다. 그들이 내게 해코지할 이유가 없다.

　먼지 풀풀 날리는 길거리가 평화로워 보인다. 노익장이 다가와 어디서 왔느냐고 묻는다. 코리아라고 하니, 대뜸 "노우스코리아?" 사우스코리아라고 하니, 엄지손가락을 치켜들며 "free free freedom, 사우스코리아!" 그는 자유를 찾아온 사람이다. 이 거리 저 거리 한나절을 돌아도 아무도 제재하거나 방해하지 않는다. 나도 자유다.

　큰 트럭들이 돌을 실어 올라간다. 논과 밭이 내려다보이는 높은 곳으로 올라갔다. 언덕 위에 학교가 있다. 담장 위에서 보니 운동장에서 공놀이하던 아이들이 손을 흔들며 "헬로우~ 마담!" 부른다. 반가워서 핸드폰 카메라를 들이대니 운동장에서 공놀이 수업을 하던 남자 선생님이 들어오라고 손짓한다. 아~ 얼마나 기다렸던 말인가. 냉큼 들어가 이산가족 만난 듯 아이들 손을 잡으며 인사했다. 네팔 아이들의 미소는 순박하다. 무엇을 달라고 구걸하지 않는다. 별빛을 닮은 맑은 눈과 눈자위가 깊어 마음마저 빨려 들어간다. 선생님이 교실과 도서관 교무실을 보여준단다. 말이 그럴싸하지 TV에서 봤던 장면들처럼 책 몇 권, 낡은 칠판 하나 궁색하기 짝이 없다. 아이들이 졸졸 앞서거니 뒤서거니 따라다닌다. 서로 밀치며 내 옆에 붙는다. 한 마디씩 영어로 말을 건다. 학교에서 배우는 공용어가 외국인에게 정말 통하는지 실험해 보는 중이다. 내 영어가 턱없이 짧다. 내 손과 내 다리 내 옷자락을 만지며 까르르까르르 웃는다.

교무실이라는 방에 들어가니 아낙네 서너 명이 꽃을 손질하고 있다. 속닥속닥 꽃송이를 실에 꿰어 꽃목걸이를 만들어, 내 목에 걸어준다. 와우~! 예정에 없던 순간이다. 순간, '앗! 차차' 그 흔한 사탕이나 초콜릿 한 봉지도 준비하지 못했다. 그곳에 아낙들은 다 선생님들이다. 나의 상황을 이야기하니, 남편이 돌아오면 주라며 큰 꽃 몇 송이로 꽃다발을 만들어 준다. 아이들은 손뼉 치고 여선생들이 마구, 마구 나를 껴안고 뽀뽀 세례다. 말보다 격한 직설화법이다. 미안하고 민망했다. 천 루피짜리 지폐 2장을 멋쩍게 건넸다. 수북하게 쌓인 노랑 꽃 더미 위에 돈을 올려놓더니, 꽃 고명 장식을 한다. 주황빛 메리골드 꽃은 "환영과 남은 여행의 안녕을 빈다."라는 그야말로 '나마스테'를 상징하는 꽃이다. 순식간에 돈이 천수국 만수국으로 성스럽다.

나의 카톡: 오늘, 난민촌 학교 가서 한나절 잘 놀다 왔다.
아들 카톡: 엄마, 그런데 가서 괜히 돈 주고 그러지 마세요.
나: 아들, 걱정하지 마시오.
아들: 그런 데서 엄마가 돈 주고 그러면, 그쪽 애들 인생을 꼬이게 하는 거예요. 거지 근성으로 비굴하게 돈 벌려고 한다고요. 팔자대로 노력하며 살게 내버려 둬야 해요.

세상에서 공짜가 가장 비싸고, 무상복지가 게으름의 지름길이라는 것을 잘 안다. 마트에서 1+1도 마다하고, 정치인이 퍼주는 과잉 포퓰리즘에 현혹되지 않으려고 애쓰며 살아왔다. 하지만 우리나라 어디에 가서 단돈 2만 원에 그만한 행복을 살 수 있을까. 설령, 어긋난 행위였더라도 비싼 점심 한 끼 먹었다고 여기니, 뱃구레에 기쁨이 차오른다. 이런 행복 누리려고, 오전 오후 때론 점심밥도 걸러 가며 도서관마다 강의하러 다니는 것이 아닌가. 집 떠나 길 위에 나서면 나 또한 표류하는 난민이다.

아직, 아들에게는 돈 줬단 말은 하지 않았다. 남편이 준 돈도 아니다. 2만 원의 행복! 거지 근성? 내게는 '길 위의 인문학'이다.

(2016년 12월 네팔 포카라)

문양 紋樣

영부인들이 청와대 입성을 하면 식기 세트부터 바꾼다고 한다. 어느 분은 일본 도자기를 수입하고, 어느 분은 군대의 상징인 국방색 무늬를 선호했으며, 당의를 입던 분은 본차이나의 화려함을 택했다. 단순하고 세련미가 있는 흰 그릇을 사용한 분도 있었으나, 대부분 봉황에 금장 두르는 것을 선호했다.

문양을 함부로 사용하는 것은 지위를 훔치는 일이라고 했다. "장문중이 큰 거북을 두고, 기둥 끝에 산을 새기고, 대들보에는 수초무늬를 그렸으니, 어찌 그를 지혜롭다 하겠는가?" 장문중이 채나라 특산물인 큰 거북을 집에 두었다. 원래는 천자만이 종묘에 두고 대사 때마다 길흉을 점치는 용도다. 대들보 상단에 산 모양을 조각하고, 동자기둥 하단에 수초 모양을 그리는 집의 내부 장식 문양紋樣이다. 그런데 무엇이 문제인가. 산과 수초 모양은 태묘나 종묘의 장식이기 때문이다. 왕의 상징이거나 신전이다.

공자께서 '인간의 도의를 힘쓰지 않고 귀신에게 아첨하고 친압하는 것은 지혜롭지 못하다.'라고 하였다. 공자의 인물평은 예禮를 기준으로 한다. 그러므로 장문중의 정치적 능력이나 공적을 무시하고 신분 이상의 짓을 가혹하게 비난했다. 우리도 청와대에서 대통령이 담화문을 발표할 때 단상에만 봉황새를 그렸었다.

서민들의 혼례문화도, 폐백실에서 신랑은 왕의 상징인 용龍문양을 가슴과 양어깨에 수놓은 곤룡포를 입고, 신부는 측천무후처럼 부귀영화를 상징하는 모란꽃을 수놓은 활옷을 입는다. 가례복嘉禮服이라고는 하나 서민이 언제 한번 왕이나 왕비를 꿈꿀 수 있을까. 유럽 혹은 일본의 무사나 귀족들이 의복이나 마차에, 가문의 상징인 사자나 독수리 도라지꽃 접시꽃 문양을 새겨 넣는 거와 같다.

오래전에 윤정희 백건우 부부가 흰 한복과 두루마기로 조촐한 결혼식이 화제였다. 그들은 굳이 귀족 흉내를 내지 않아도 이미 거장들이다. 그러나 서민은 무슨 문양으로 신분을 나타낼까. 백의민족답게 소복을 입고 봉숭아 채송화 백일홍 분꽃을 앞마당에 심었다. 꽃은 한철이다. 엄동설한 꽃이 필 리 없는 겨울에는 꽃을 그려 던지는 '화투'놀이를 했다. 꽃뿐인가. 사군자 십장생이 다 있다. 열두 달 그림 안에는 주문呪文처럼 소망이 들어있다.

  예전에는 대학생들이 배지badge를 달고 다녔다. 봉황새 문양처럼 편 가르는 로고다. 배지가 없어졌다고 계급과 신분이 없어졌을까. 핸드백, 자동차, 아파트 등의 브랜드가 차별화한다. 내세울 가문이나 벼슬로 의지할 곳이 없는 이들은 로고를 어디다 새길까. 몸뚱어리밖에 없다. 작게는 스스로 팔과 다리에 '♡, 忍耐, 차카개살자' 크게는 등판에 용 무늬를 새겨 가죽 곤룡포를 입는다. 문신文身이다.

  신세대는 영어식 표현으로 '타투Tattoo'라고 한다. 요즘은 타투가 또래 집단 버킷리스트 중 여름 패션의 아이템이라고 한다. 문신의 어감은 형벌 같고, 타투는 개성을 표현하는 예술 같다. 취업과 미래가 불확실한 청춘들에게 심리적 안정을 준다니 어쩌겠는가. 그들의 행위는 앤디 워홀을 뛰어넘는 "내가 곧 '대중'이다."라고 표현하는 검은 피카소 장미셸 바스키아의 외침이다. 인종차별이나 빈곤 같은 낙서 그래픽은 ♛ '요술 왕관' 사인처럼 예술로 거리를 활보한다.

  네팔 페와호숫가 끝자락에 히피들이 많다. 그들의 머리 모양과 옷차림이 처음에는 낯설더니 볼수록 정이 간다. 어느 날 과다한 피어싱piercing과 문신이 가득한 청년들 틈에 여자아이를 만났다. 팔과 손가락 하나하나 귀밑 목덜미까지 부챗살처럼 문신이 다채롭다. 다가가서 "예쁘다!"고 했다. '웬 동양 꼰대 아줌마가?' 하는 눈초리다. 놀림을 받았다고 여긴 모양이다. 사진을 같이 찍자고 하니, 너희 나라 청소년들도 문신하느냐고 묻는다. "당연!"하다며 엄지손가락을 추켜올렸더니 갖은 포즈를 취해 준다.

그렇다. 나도 기지개 켜는 아이를 보다가 숨이 멎을 뻔했다. 옆구리의 문양이 삐져나왔다. 얼마의 시간이 지나 남편에게 본 것에 대하여 이실직고했다. 당장 길길이 뛰면 내가 먼저 집을 뛰쳐나가려고 했다. "김중만, 윤도현, 이효리, 허지웅, 차두리는 되고…, 왜, 내 아들은 안 되느냐?" 아이 편을 든다. 진정, 문화 인류학적 발언일까? 아니면 문신 앞에 겁먹은 아비의 굴복인가. "성인이고, 군 복무도 마쳤고…." 아들의 문제라며 문신 새김처럼 콕콕 찔러 말한다.

〈옥자〉라는 영화에서 통역 역을 맡은 스티븐 연은 '통역은 신성하다.'라는 문신을 보여준다. 어떤 시선으로 보느냐가 문제다. 춘추전국시대처럼 '피세'의 방편인지, 젊음의 치기인지, 예술의 장르인지, 아직 나는 모르겠다. 레바논 내전을 그린 영화 〈그을린 사랑〉에서 아기가 태어나자마자 점 세 개 '···' 문신을 발뒤꿈치에 새겨 넣는다. 처절한 어미의 사랑과 아들의 만행에 나는 입을 틀어막으며 보았다. 과연, 신이 존재할까. 내가 본 문신 중에 가장 아팠다. 영화 내용은 차마 글로 못 쓴다.

이제 타투는 젊은이들의 전유물이 아니다. 내 엄마도 첩 떨어지라고 개명하여, 팥알만 한 새 이름을 팔에 새겼으나 평생 효력이 없었다. 내 엄마뿐인가. 요즘은 전국의 어머니들이 전염병의 흔적처럼 눈썹 문신이 진하다. 파리 노트르담 성당 탑에 오르기 위해 줄을 섰을 때, 히잡을 쓴 모슬렘 여성이 내 손톱을 보면서 "헤나Henna?" 묻기에 "Yes!"라고 답했다. 그녀도 손등에 새겨진 낙원을 상징하는 꽃 모양의 헤나 타투를 보여주며 환하게 웃는다. 동서고금을 막론하고 종교 이념 맹세 염원이 담긴 문양과 빛깔들, 이제 나는 손톱의 붉은 봉숭아 꽃물도 그만둘 때가 되었다. 외모도 마음도 그냥 그대로 무문無紋이고 싶다. 나에게 무문은 세월에 대한 순응이다.

글에도 문채文彩가 있다. 문리文理가 터져야 한다. 아들도 나도 글을 쓴다. 우리 모자에게 글이 무슨 커다란 부와 명예의 상징적인 문양을 선사할까. 그냥 쓰고 싶어 쓸 뿐이다. 편안한 마음으로 이랑과 고랑 사이의 돌맹이나 골라내고, 쉼표와 마침표를 적절하게 찍을 수 있는 문文의 이치나 터득했으면 좋겠다.

카푸치노 타임

'타 볼까?' 페와호숫가 보트의 빛깔들이 알록달록하다. 중국 단체 관광객들이 물 폭탄을 터뜨린 듯 왁자하다. 호젓하게 배를 타기는 글렀다. 그렇다고 작은 나뭇잎 보트를 빌려본들 청년 사공과 둘이 마주앉을 용기도 없다.

호숫가를 거닐었다. 저만치 떨어진 곳에 교복을 입은 소녀들이 잔디 위에 앉아있다. 두 손을 모아 "나마스테."라고 말하는 순간, 그녀들도 두 손 모으며 "나마스테" 마주 인사를 건넨다. 나는 평소에 목소리보다 눈빛 인사를 잘하는 편이다. 와락 달려들어 "어디서 왔느냐?" "싯다운, 싯다운." 친절을 보이더니, 먹고 있던 과자를 권한다. '라면땅' '새우깡' 그대로 한글이다. 포장지 빛깔도 똑같다. 제목만 한글이고 나머지 글자는 다 네팔어로 표기되어 있다. "어머, 라면땅 새우깡!"이라고 읽으니, 내가 네팔어로 읽는 줄 알고 더 설레발을 친다. 그녀들은 네팔어로 라면땅이라 읽고, 나는 한글로 새우깡이라 읽는다.

여행을 다니다 보면, 현지인들이 먼저 사진을 찍자며 옆에 선다. 내가 예뻐서가 아니다. 외국인이 더구나 여자 동양인이 혼자 다니며 잘 웃는 친근함의 끌림이다. 나를 둘러싸고 셀카를 찍는다. 다섯 명의 그녀들은 포카라 대학 2학년생이라고 한다. 이럴 때 영어에 능통하다면 얼마나 좋을까. 네팔은 공용어로 영어를 쓴다. 나는 잉글리시 "리틀, 리틀"이라며 눈곱만하다는 손짓으로 엄지 검지를 모아 보여줬다. 마침 잘되었다 싶어, 너희들이 만약 보트를 탄다면 내가 함께 타줄 수 있다고 운을 뗀다. 한 시간 정도의 여유만 있단다. 아마 수업 중간의 땡땡이 시간인 것 같다.

그럼 우리 무엇을 해볼까? 물으니, '이딸리아노' 카페에 가서 카푸치노를 마시고 싶단다. 나는 돈은 있는데 같이 마실 친구가 없다며 "내가 쏠게!" 한마디에 내 볼에 뽀뽀 세례다. 다 같이 팔짱을 끼고 걸으니 길이 좁다. 흙바닥도 즐거운지 풀풀 먼지로 분위기를 띄운다. 마침 내가 머무는 숙소 바로 옆이 이딸리아노 카페다. 카페에 들어서니 직원들도 대환영이다. 왜냐하면 아침 첫 손님 다섯 명이면 단체나 다름없다. 더구나 외국인이 들어오니 심심하던 차에 구경거리다.

다섯 명이 다 카푸치노를 시켰다. 아무리 근사한 것을 시켜도 이곳 카페에서는 예전 우리나라처럼 각설탕과 재떨이부터 갖다

준다. 나의 전성시대, 1970년대 문화다. 각자의 커피잔에 꽃잎 모양 하트모양 예쁜 거품을 얹은 카푸치노다. 이 여학생들은 길거리에서 보는 코 뚫고 눈주위의 검은 문신이나 이마에 붉은 티카tika를 찍고 치렁치렁한 전통복장 사리를 입은 모습이 아니다. 교복과 화장이 세련되었다. 우리나라로 치면 강남 로데오거리나 신사동 가로수길 비주얼이다. 이렇게 멋진 숙녀분들께서 그 예쁜 커피 거품 안에 각설탕을 몇 개씩 넣더니, 휘휘~ 저어 바리스타의 고유 문양을 뭉갠다. 나도 스무 살 무렵에는 다방에 가서, 프리마 셋 설탕 세 스푼을 넣는 것이 커피 공식문화인 줄 알았었다. 거품이 흘러넘쳐 찻잔과 접시가 지저분하다. 겉은 멀쩡한 숙녀들인데 카푸치노 매너는 지게 진 선머슴이다. 그녀들은 겉멋으로 카푸치노와 랑데부하는 중이다. 그래도 말은 "마담, 내 스타일이 아니다."라며 너무 쓰다고 커피를 탓한다. 사실 너무 달다. 나에게도 각설탕을 자꾸 권한다. 나는 아주 우아하게 천천히 거품을 입술에 묻힌 다음, 입술을 쭉~ 내밀었다. 남자친구와 함께 카푸치노를 마신다면, 서로 입술로 거품을 닦아주는 것이 예의라며 시범을 보여줬다. "꺄악~." 까르르 넘어갈 듯 소리치더니, 카푸치노 이름은 좋아하는데 카푸치노 커피 맛은 안 좋다며 너스레를 떤다.

하나하나 사진을 찍고 동영상을 찍으며 "아이 라이크 쌤성." 이라며, 내 스마트폰과 태블릿에 뒤늦게 찬사를 퍼붓는다. 여학생들의 선망은 나의 우아함과 격이 있는 자태가 아니다. 오직 'K 브랜드'다. 글 쓰는 작가로서 자신을 '브랜딩'해야 하는 이유다.

그들과 이야기하며 놀던 중, 전화벨이 울렸다. 사색이 되어 아빠라며 "쉿" 손가락으로 제재한다. 나직나직 아주 얌전하게 말한다. 전화를 끊자마자 내게 목을 자르는 시늉을 하더니, 코리아에서도 대디가 무서우냐? 자기 아빠는 집에서 자기를 따귀도 때리고 어깨 가슴 배를 가리지 않고 마구 때린다고 일러바친다. 아마 그럴 것이다. 인도의 전통적인 여성들이 부적절한 행동을 하면, 아버지의, 남편의, 오빠들의 손에 이끌려 강제로 불더미 안으로 몸을 던져야 한다. 매를 맞아 죽기도 한다. '사티sati문화'다. 인도를 큰집처럼 생각하는 네팔이니 무리는 아니지 싶다.

우리나라에서는 자식이 상전이라고. 딸일 경우는 아빠들이 떠받들어 모신다며, 얼마 전까지는 우리나라도 아버지가 약간 권위적이기는 했었다. 자식이 잘못하면 꿀밤 몇 알을 주는 가벼운 애정 표현 정도라고 말해줬다.

오만상을 찌푸리며 식은 커피를 한약 먹듯 서둘러 마시는데, 다른 친구가 또 전화를 받는다. 다들 화들짝 놀라더니, 엄바라며 애교 발사로 나긋나긋 사정한다. 아무래도 가봐야겠다며 넷이 벌떡 일어선다. 이 나라에서 대학에 다니며 핸드폰을 사용하며 부모님의 보호와 관심을 받는 거로 보아 네팔의 '금수저'

여학생들이다. 헤어지며 '페이스북 주소'를 알려달라고 한다. 나는 페이스북을 모른다. 새삼스레 관계에 엮여 서로 '좋아요'를 눌러 주는 품앗이 교류도 마음에 없다. 명랑 쾌활 에너지 넘치는 청춘들을 만나 낭만 충전 완료다.

'타 볼까?' 여행의 레시피에 한 켜 한 켜 신바람을 타보니, 카푸치노의 거품이 부풀어 오른다.

낮술

 자유부인이 되었다. 짝지가 셰르파 한 명을 앞세워 히말라야 안나푸르나 A 코스를 오르고 있다.
 책 한 권 들고 '낮술'에 갔다. 이국땅에 상호도 메뉴도 정겹다. 남성들이 등반을 마치고 내려오면, 성지 순례처럼 심신을 위안하기 알맞은 곳이다. 그곳에 여자 혼자 사흘째 출근 도장처럼 발걸음을 찍는다. 안면이 익숙해지자 업소 여자 종업원이 마중까지 나오며 반긴다. 무척이나 무료했던 모양이다. 포크 스테이크 하나에 잔술 한 잔을 달라 하니 병술밖에 없다고 한다. '에베레스트' 맥주 한 병을 시켰다. 돼지고기에 약간 짠맛이 있으면 좋을 것을 단맛이 고기 맛을 이긴다. 니글니글한 맛을 맥주 거품으로 입안을 헹구어 간을 맞춘다. 몇 시간째 너른 공간에서 혼자 창가의 햇살을 따라 자리를 옮기며 노닐었다. 기다란 햇살이 빠져나갈 즈음, 예닐곱 명이 수선스럽게 들어온다. 두 명의 아가씨와 중장년 남정네가 둘, 그리고 현지인인 듯한 청년 둘이다. 테이블이 놓인 거리는 저만치 멀어도 내 귀에 영어 단어가 언뜻언뜻 들린다.

여성 둘은 중국인이고, 두 남정네는 한국인이며, 청년들은 네팔인이다. 삼겹살과 '좋은데이' 소주를 시키고, 앳된 아가씨들은 콜라를 시킨다. 분위기가 점점 무르익자 나이든 남성이 방석 두 개를 주문한다. 여자 종업원이 방석을 가져다 두 여성에게 주니, 우두머리인 듯한 노장이 받아 본인이 깔고 앉는다. 아하! 방석, 방석이라. 예전 유흥업소인 요정처럼 서열이 정해지는 순간이다. 드디어 내 눈앞에 갑질 '킹'이 등장한 거다. 네팔 청년이 한국말로 나직하게 "얘네들, 엄청 먹어요."라는 말을 귀띔해주며 두 청년은 공손하게 인사하며 나간다. 거간꾼이다.

잠시 후, 잔을 주거니 받거니 '수작酬酢'이 시작되더니, 마시고 먹는 것도 시들한지 끼리끼리 떠든다. 아가씨들이 슬며시 한 명씩 남성 옆으로 가서 앉는다. 서로 언어의 한계가 있으니, 핸드폰을 열어 여행 다녀온 곳을 사진으로 보여준다. 처음에는 각자 핸드폰 위에 있던 손이 상대방의 어깨로 등으로 허리춤까지 내려온다. 점점 밀착되어 틈새가 안 보인다. 그런데 하필, 나는 중국어와 한국말을 동시에 알아듣는다. 나의 어설픈 짐작 언어가 인터넷 검색 사전처럼 바로바로 들어맞는다. 그들은 메뉴얼대로 지극히 정상이고, 나만 혼자 관음증 증세다. 아~ 나는 이쯤에서 일어서야 교양인이다. 때마침 '낮술' 홀 안, 방에서 주인장이 나온다. 그를 기다린 것처럼 "가요." 하며, 누가 빼앗기라도 할 듯 호텔 열쇠를 꼭 쥐고 나왔다. 저녁나절 혼자 술을 마시는 여자도 표적이 될 수 있겠다는 생각에 가슴을 싸안고 몸서리친다. 하하, 꿈도 야무지다. 감히 청춘을 꿈꾸다니. 거울에 비친 흰머리 소녀는 겁도 상실했지만, 망상증도 심하다.

  그들의 3차는 어디였을까? 내 남편도 히말라야 정상에 깃발을 꽂은 후, 개선장군이 되어 하산할 것이다. 의기양양한 남성의 밤(栗)꽃 내음을 가득 채우고. 내일도 모레도 글피도 낮술을 마시며 그를 기다리자. "아름다운 아가씨, 어찌 그리 예쁜가요~♬" 여성은 향기로 말한다는데, 아까시 꽃 향이 온몸을 채근한다. 낮술에 취해 숭어리 숭어리 꽃이 피고 지고, 또 피니 밤새도록 잠이 하얗다.

솜틀집 손녀딸

  소년 둘이 골목을 걷는다. 나는 이방인, 그들은 본토 아이들이다. 일부러 뒤쫓는 것은 아니고, 이 골목 저 골목 기웃거리다가 그들과 나는 거리의 동반자가 되었다.
  한 아이는 긴 막대기를 들고 조금 큰아이는 악기처럼 줄이 달린 기구를 들고 있다. 그렇다고 어떤 일에 집중하지도 않는다. 학령으로 보자면 아직 초등학생 나이다. 그저 볼거리가 있으면 구경하고, 땅바닥에 바람 빠진 공이나 버려진 신발짝, 납작한 돌멩이를 발로 차기도 하고 쪼그리고 앉아 놀이 삼매경이다.
  뭐하는 아이들일까? 가만히 보니, 이불 솜을 뜯어 먼지를 털어주는 솜 트는 아이들이다. 골목마다 일거리를 찾아다닌다. 다음날, 어느 골목에서 우연히 또 마주치니 제 몸뚱어리보다 큰 솜 자루를 등에 졌는데도 발걸음이 가볍다. 나와 눈이 마주치자, 표정이 우쭐댄다. 행색은 남루하지만, 가을볕에 목화송이처럼 소박하다.

　구름 위의 산책이다. 엄마와 작은엄마가 머리에 수건을 두르고 솜틀을 밟고 서 있다. 네팔 아이들처럼 손으로 두들겨 먼지를 터는 것이 아니라, 엄마와 작은엄마가 번갈아 발로 밟는 기계이다. 지금은 그 기계 모양새의 또렷한 기억은 없다. 피아노만 한 기계에 페달이 있던 것만 어렴풋하다.

　추수가 끝나면 사람들은 솜 보퉁이를 지게에 지고 온다. 주로 새터나 삼거리, 또는 더 깊은 산골에서 습기와 땀에 전 솜이불이다. 지게 진 아비 따라 머슴 따라 아이들이 쫓아오기도 한다. 작은아버지가 아이들을 툇마루 끝에 앉혀놓고 사내애들 머리를 '바리캉'으로 싹싹 밀어 까까머리로 깎는다. 밤송이 같은 더벅머리가 도토리처럼 매끈하다. 더러 여자아이들도 오는데, 앞머리는 눈을 찌르지 않고 옆머리는 귀밑에 가지런하되 뒷머리를 층층이 숱을 쳐올리는 상고머리다.

　솜이불을 이고 온 아낙들은 바쁘다. 짧은 가을볕에 단풍잎 물들듯 '카더라' 통신을 전한다. 이만저만한 수다가 앞마당의 솜뭉치만큼 겹겹이 펼쳐진다. 마당 귀퉁이에 솜틀집 손녀딸은 뒤돌아 앉아 다식판처럼 꽃 그림을 그린다. 아낙들이 부풀어진 솜뭉치를 이고 지고 일어서며 "우리 집, 가자!" 놀리면, 냉큼 보퉁이 하나를 들고 따라나섰다고 한다. 그 보자기 안에는 다섯 알의 공깃돌, 그림 그리는 싸리 꼬챙이, 깨진 사금파리가 들어있다.

솜틀 기계와 이발기는 산골의 신문화였다. 아버지가 카투사로 군대에서 번 돈으로 장만한 생계의 도구다. 손바닥만 한 논과 몇 이랑의 채소밭으로는 늘 부족했을 것이다. 어린 내 눈에 그 모든 것들이 놀이처럼 보였다. 그때 아버지는 솜틀과 함께 고향으로 돌아왔어야 했다.

그래, 그렇다. 가족은 함께 있을 때 가족이다. 엄마가 원앙금침 보퉁이를 머리에 이고, 아버지 근무지로 따라갔어야 했다. 엄마가 없어도 할머니 할아버지, 작은아버지와 작은어머니는 각자 그들의 삶을 살았을 것이다. 맏며느리라고 맏아들 역할을 강요받아서는 안 된다. 그까짓 솜틀 기계가 무엇이라고. 정교한 톱니바퀴처럼 맞물렸던 가족의 기능이 어그러졌다.

아, 그래서인가. 뒤늦게 역마살이 끼었다. 꿈꾸듯 속옷가지와 필기도구를 배낭에 짊어지고, 이곳 네팔 포카라에 왔다. 먼지 풀풀 날리는 무질서한 거리에 이발사는 간이의자와 금 간 희뿌연 거울을 세워놓고 손님을 기다린다. 수염 덥수룩한 손님은 보자기 하나 어깨에 두르고 앉았다. 꼬질꼬질한 아이도 청년들도 지나가는 낯선 여인에게 목화씨 같은 이를 드러내고 멋쩍게 웃는다. 그 거리에 흰머리 소녀는 난데없이 설렌다. 유년의 세포들이 마구 솜방망이를 두드린다. '떠올라라, 떠올라라. 꿈이 있는 그곳으로!' 솜틀 소년들과 마주보며 뭉실뭉실 뭉게구름 솜 꽃처럼 화사하다.

어에 머물다

　탄핵정국으로 나라가 어수선했다. 나는 나대로 새로운 주거지에서 어영부영하였는데 그래도 날마다 잠을 자니, 어느덧 해가 바뀌었다.
　스무날 남짓, 네팔에 다녀왔다. 지진으로 어마어마 어마무시 엄청나게 부서진 카트만두에서 코와 입을 가리고 걸었다. 도시 곳곳이 쓰레기더미 같았다. 도시 전체가 암울하다. 거리에 깨진 벽돌 조각처럼 사람이 많았다. 그 누추한 상황과 눈망울을 오래 쳐다보기도 민망했다.
　그런데 그들은 눈이 마주치면 어이없게도 바보처럼 웃는다. 뚝딱대는 망치 소리, 짐을 져 나르는 아낙들 곁에 아이들이 놀이하면서도 웃음소리가 그치지 않는다. '어쩌다 저 꼴이 되었나?' 어처구니없는 가운데에서 어색한 몸짓으로 어정쩡 어질게 웃는 사람들, 흙먼지 풀풀 날리는 폐허에서 희망의 소리를 들었다. 나는 '어'에 대해 생각해 본다.

　나도 그들처럼 '어'하고 싶다. 조금 어줍게, 좀더 어눌하게 살고 싶다. 엄살떨지 않고 어슷어슷 대파를 썰어 어묵탕과 어리굴젓을 어물쩍 버무려서 식탁을 어방치기로 차려야겠다. 손자의 장난감이 거실에 어지간히 어수선하게 엉망으로 어질러져 있어도 보이지 않는 척, 눈앞에 어스름 어둑어둑 어렴풋하게 장막을 쳐야겠다. 어떤 상황에서도 어물어물 어정버정 날들을 보내고 싶다. 어수룩하게 어금버금 어슬렁어슬렁 어즈벙어즈벙 어치렁어치렁 굼떠도, 남편과 아이들 대소가 친인척과 대한민국은 어라 차차! 어기영차! 제자리를 지키며 잘 돌아갈 것이다.

　어찌하였든 나는 '어'라는 변방에 서 있다. 어벙하게 어기적어기적 지내노라면 한 해, 두 해, 세 해…, 어서어서 윤택한 삶을 꿈꾸던 욕망에서 벗어나고 싶다.

　손자가 밥을 먹다 말고, 어린이 식탁에서 벌떡 일어난다. 아이 아비가 "어허이!" 굵고 단호한 목소리로 아이 이름을 부르며 나무란다. "괜찮아. 다음부터는 그러지 마."라고 하니, 어라! 아들이 어미를 호되게 나무란다. 집에서 괜찮다고 하면 밖에 나가 그 버릇이 그대로 나온다며, 아이 앞에서 제 어미를 또박또박 가르친다. 어렵쇼! 어이가 없다. 그렇다. 어깃장을 놓고 괜히 목소리가 커졌다. 아이는 어안이 벙벙하여, 어찌할 바를 모르고 얼떨결에 저도 모르게 고함친다. 할머니와 아비가 싸우는 줄 알았던 모양이다. 제풀에 놀라 양쪽 눈치를 보며 서럽게 울기 시작한다. 잠시 어리광이지, 가만 놔둬도 어련무던하게 잘 자랄까. 별것도 아닌 일에 삼 대가 맞섰다. 아이를 안으며 "괜찮아. 할머니는 괜찮아." 그까짓 거 아무렇지도 않다고, 그동안 만들어 놓은 지혜 주머니가 있다고, 그 주머니 안에 '포기'라는 단어를 얼른 집어넣었다고, 조곤조곤 이야기했다. 어리둥절하여 한참을 빤히 쳐다보더니, 말귀를 알아들은 것처럼 제 아비 품으로 가 안긴다. 아들이 한마디한다. "할머니 한번 안아드려." 숨소리 파닥이는 손자의 가슴이 따뜻하다. 하품이 크다.

"괜찮아." 괜찮다고 거듭 말했다. 정말 나는 괜찮은가? '괜찮다'라는 말속에는 괜찮고 싶은 염원이 들어 있다. 비손하는 간절한 마음으로 "나마스테Namaste*" 두 손을 모은다. 네팔에서 배운 인사말이다. 나에게 '나마스테'는 '괜찮다'의 동의어다.

'남는 것이 시간밖에 없다.'라는 말은, 사람이 할 소리가 아니라고 여겼었다. 나는 요즘 이 말을 아주 살뜰하게 실천하려고 한다. 마음이 한가해지고 싶다. 그동안 강행군했던 시간을 보상받는 유배의 휴식을 누리고 싶다.

유배 생활의 특징은 아는 사람을 만나고 싶지 않다. 아이들 혼사 후, '할마'라는 신조어로 살고 있다. 그런데 나는 아직 전업주부가 아니다. 월요일부터 금요일까지 손주들이 어린이집에 머무는 시간 동안, 시간강사로 일을 한다. 내 주위의 지인들이 "그

짓을, 왜?" 하느냐며, 어리석음을 꼭꼭 짚어준다. 어중간한 이 순耳順의 나이에 어린 손주들 시간표로 바쁜 '여사'를 '미를 치는 여자'라며, "미친년 시리즈"를 우스갯소리인 양 말해 준다. 자신들의 일상을 다행으로 여기며 안도의 숨을 내쉰다. 어떤 이는 선심 쓰듯 "손자 실컷 봐서 좋겠네." 부러운 듯 말한다. '그렇게 잘난 척하시더니…', 사실 고소하게 여기는 눈빛이 역력하다. 아니라고? 왜, 그리 꼬였느냐고? 아니, 세상 어느 누가 '제2의 인생'을 '황혼 육아'로 시작하고 싶을까. 요즘 신세대들은 육아를 교양도 품위도 송두리째 빼앗긴다며 '야만의 시간'이라고 한다. 그러나 그 상황 속에 있으면, 그 선택을 할 수밖에 없는 마음자리가 있다. 나는 '내가 선택한 삶'을 스스로 존중한다. 그리고 그대께서 나와 같은 소명을 타의든 자의든 어렵사리 택하셨더라도 "나마스테" 그대를 존중하려고 한다.

 어이쿠, 잊을 뻔했다. 황혼 육아의 묘약妙藥도 있다. 수면제를 먹지 않아도 9시 뉴스 화면 앞에 곯아떨어진다. 그런데 아는가. 작은 입으로 어찌나 잘 받아먹고 잘 싸는지 그저 고맙기만 하다. 똥 빛깔이 볼수록 기특하여 어깨가 어둔하고 허리가 점점 어그러지는 것도 잊는다. 사골이 뽀얗게 우러나는 대비마마 어부인의 곰삭는 골병이다. 어차피 한 세대 세월이 지나면, 어명御命이 아니더라도 내 몸은 백골이 진토되어 임을 향한 단심가가 될 터이다.

어느 선배분이 네 명의 손주를 돌보며 해마다 초호화 해외여행을 다니신다. 명품 옷을 입고, 오페라, 연극, 또는 고급 레스토랑에서 가족 식사를 함께한다며 자식이 베풀어주는 포퓰리즘 '복지'를 여러 사람 앞에서 자랑한다. 그리고 아무도 없는 곳에서 넌지시 내 손을 맞잡고, 육체는 '피폐'하고 정신은 '황폐'해지는 그 어려운 일을 왜 자처했느냐며 눈자위에 어릿어릿 물기까지 어린다. 육아로 인한 "황혼 우울증은 어쩌시려고." 글쎄다. 문득문득 가라앉는 '손주블루' 증세를 누가 어루만져 줄 것인가. 밥 한 공기와 오이지무침 하나로 혼자 TV 보며 먹는 식사시간을 꿈꾼다. 어슬막에 아들, 손자, 며느리를 위해 진수까지는 아닐지라도 비지땀으로 간한 성찬을 차린다. 밥 수발 덕분에 살집도 표정도 날이 갈수록 넉넉하여 어정잡이 관세음보살상이 되어간다.

그래도, 나는 '어부바' 어리바리한 모습으로 어린 손주들을 어른다. 어진 심성으로 어긋나지 않게 어엿한 행실을 하는 시기까지 한동안 '어'에 머물 것이다. 내가 앉은 자리가 결코, 나라님들이 디는 어가御駕가 아니다. 어리석은 어미의 얼간이 같은 사랑임을 어림짐작한다. 순수하게 오직 내 것을 다 내어주고도 순직할 수 있는 고귀한 이름, 나는 아이를 낳은 어미이다. 어머니 젖을 먹고 자란 어여쁜 딸이다. '내가 아니면, 누가? 지금 아니면, 언제?' 진정한 어른의 작위爵位는 어머니, 그리고 '어버이'라고 어거지 어록을 새긴다. 어린이가 희망이다. 무슨 소리, '어른이' 희망이다.

이런들 엇더며 져런들 엇더료
만수산 드렁츩이 얼거진들 엇더리
"어랑어랑 어허야, 어허야데야 내 사랑아~ ♬"

* 나마스테(산스크리트어 नमस्ते)는 인도와 네팔에서 주고받는 인사말이다. 만났을 때뿐만 아니라 작별할 때도 사용한다. – 위키백과 – '나는 당신을 존중합니다.'라는 뜻.

타타타, 메타

꿈이 무엇이었을까. 처음에는 내가 입고 싶은 옷을 그렸다. 나중에는 친구들이 원하는 스타일로 맞췄다. 중학교 시절, 내가 하던 짓이 디자이너였다. 로망roman이 내게로 온 것일까.

원고청탁에 맞춰 테마수필, 아포리즘수필, 여행수필, 독서수필, 실험수필, 퓨전수필, 수화수필, 논어수필, 유학수필…, 이번에는 수필을 수필로 기술하거나 분석하는 '메타수필'을 써 달란다. 예나 지금이나 나는 수필의 부표가 없다. 줏대 없이 표류 중이다.

수필을 액션action이라고 생각했다. 어떤 변고가 닥칠 때마다 "오우~, 글감!" 종군작가가 된다. 어려움이 오히려 에니지다. 긍정으로 전환하면 견뎌낼 힘이 생긴다. 쉼 없이 몇 두레박씩 퍼 올리니 흙탕물이 나오고 바닥이 드러났다. 행위에 정신이 팔려 어서 순서가 오기만을 기다렸다. 보물찾기 놀이처럼 남보다 먼저 '유레카!' 발표하는 것을 잘하는 짓인 줄 알았다.

여기저기서 이름을 불러주니, 폼나게 잘 쓰고 싶었다. 디자인과 색상에 멋을 내고 주머니와 단추 리본과 코르사주도 붙였으니, 크리스마스트리와 다를 바가 없다.

재미니즘에 노닐었다. 나에게 수필은 즐김이다. 책 몇 권을 쓰는 동안, 눈치 없이 겁 없이 썼으니 얼마나 기고만장했을까. 허물을 알면서도 글을 놓지 못함은 원고청탁이다. 청탁서는 세금고지서처럼 살아있음의 실존문학이다. 즐거움(樂)은 근심하는 데서 생겨야 싫증이 없나니, 즐기는 자의 고뇌와 수고로움을 내 어찌 잊겠는가.

어느 분이 내 글에 혀 짧은 비평으로 평론집을 냈다. 당시 나의 자존감이라고 여기던 글이 홀라당 벗겨졌다. 감히 평론가의 말씀인데, 수긍하고 존중하고 존경할 수 있어야 하는데……. 내가 작고 문인이었으면 좀 좋았을까. 살아있어 괜한 불평이다. 나는 누구에게 '방인*' 노릇은 못 한다. 아니 방향키 불량으로 자격이 없다. 못났다. 언제쯤 구겨진 소갈딱지를 바로 펼 수 있을까.

어느 날, K팝 스타 서바이벌 프로그램을 봤다. 뮤지션 JYP는 음정·박자·기교가 좋은 사람을 오디션에서 탈락시켰다. "너 지금, 노래 잘하는 것 자랑하러 나왔냐?" 관중이 공감해야지, 객석에 구경꾼만 많으면 '광대'라는 지적이다. 쌍벽을 이루던

YG는 그날, 뭐라고 했을까. "뻔-한 것을 뻔-하지 않게, 유치한 것을 유치하지 않게" 하란다. 어떻게 해석하고 어떻게 행하느냐에 따라 일상이 되고 예술이 된다. 어디로 튈지 모르는 낯설기가 예술이라는데, 결국 죽도 밥도 아닌 글을 쓰며 두렵다.

나만의 브랜드를 갖자! 기성복이 아닌 근사하게 아방가르드 스타일로 입자. 슬로건은 그럴듯해도 저 살던 대로 산다. 반가의 집성촌에서 태어나 유학의 정서로 자랐다. 내게 《논어》는 기본배경이요, 공자님의 말씀은 패턴이다. 살아있는 동안 나는 사람답게 살 수 있도록 예의와 염치의 옷깃을 여며야 한다. 그런데 내 생각의 잣대로 재단하고 가위질하고 꿰맸다. 두들겨 맞을 용기를 가지고 독자들에게 다가갔다. 주례사 리뷰로 또 우쭐했다. 지병持病이다. 이럴 때는 장르를 환기해야 한다.

환기창을 어떻게 열까. 읽기다. 글쓰기가 어려울 때 방편이다. 어느 분은 글 한 편을 또는 책 한 권을 몽땅 필사도 한다는데, 나는 밑줄 그은 부분을 타이프로 친다. 한 권의 책에서 단어 하나만 건져도 횡재라는데 매번 소책자 한 권 분량이다. 점점 내 입과 귀만 '안다이박사' 박물 군자가 된다. 남의 글은 훌륭한데 내 글만 춥다. 다시 껴입는다. 그렇다. '티끌 모아 글'이다. 글을 많이 써 놓으면, 남의 글을 읽다가 비로소 내 글이 보인다. 나에게 읽기는 퇴고다.

수필이 리액션reaction임을 감지한다. 글쓰기는 독자와의 대화이다. 글을 썼다고 끝난 게 아니라 독자의 반응까지가 글의 완성이다. 다식판이 제아무리 아름다워도 틀에 새겨진 문양이다. 수필은 내면을 정화하는 도구다. 나의 꿈은 디자이너다. 기양技癢 증세가 스멀스멀 기어 올라온다. 오기의 깃발을 세운다. 틀을 깨면, 잰틀하다.

한 장의 천으로 단순하고 가볍게 하기다. 체형에 상관없이 옷감과 신체 사이 공간이 자유로워야 한다. 무엇보다 옷은 편안해야 한다. 아니 편안함만으로는 안 된다. 더 편안해야 한다. 아름다움까지 더하면 옷은 잘 팔리겠지만, 디자이너는 팔리는 것을 목표로 하지 않는다. '저렇게도 할 수 있네.' 평범함을 벗어야 한다. 심심하면 재미없다. 출렁이는 파도에 몸을 맡기고 춤사위를 보일 수 있는 활동성은 있되, 천을 아낀 느낌이 없어야 한다. 바람을 가르는 요트의 세일sail처럼 날렵하게 펼쳐 올렸다가 잽싸게 접어 내린다.

그래, 나는 글 쓰는 사람이다. 글은 옷이다. 지성과 감성으로 치장해도 가장 명품은 자신감을 입는 것이다. 그러나 옷은 옷, 글은 글일 뿐. 결코, 내 삶의 됨됨이를 뛰어넘지는 못할 것이다.

수필, 부질없다. 써도 그만, 안 써도 그만이다. 그런데 그 쓸데없음이 나를 지탱하는 정체성이다. "알몸으로 태어나 옷 한 벌은 건졌"다는 타타타天啦他*다. 배냇저고리를 입은 날부터 벌거벗은 적이 없다. 글은 나를 감싸주고 품과 격을 입혀주는 혼魂이다. 수필을 벗삼고, 수필을 스승 삼는다.

　글의 스타일도 빼어나게 잘 쓰기보다 진여眞如한 것, 있는 그대로의 모습으로 한 편의 수필답게 잘살기를 꿈꾼다. 수필의 돛을 세운 항해에서 나만의 패턴을 담은 수의壽衣 한 벌 마련하고, '쓰다 가다〔魄〕' 그거면 됐다.

　혼백의 닻을 내리는 그날까지, 타타타~ 메타!

　* 方人: 인물을 비교, 논평함. 일설에는 남의 허물을 비난함. - 漢韓大字典
　* 타타타: 진여(眞如)는 "있는 그대로의 것" "꼭 그러한 것"을 뜻하는 산스크리트어 타타타(तथाता, tathātā)의 번역어이다.

류밍웨이

배우자를 배우자.

사춘기는 사치였을 것이다. 그녀의 배우자는 6•25 전쟁 이후, 아들만 넷인 집안의 셋째로 태어나 자신의 존재감이 없었다 한다. 그랬던 그가 아내가 차려주는 밥을 40여 년 먹더니, 아내가 어미인 줄 안다. 바락바락 성질까지 내며 반항한다. 감색 슈트와 흰 와이셔츠 넥타이와 구두끈을 조여 매고 근무했다. 연민으로 오냐오냐했더니, 30여 년 일했던 직업이 "적성에 맞지 않는다."라며 느닷없이 명퇴했다. 아이들도 보내지 못했던 어학연수를 아비가 떠났다. 또 한동안은 네팔에 꽂혔다. 그곳에서 제2의 인생 설계를 하려던 계획이 하필이면 그해, 카트만두에 지진이 나는 바람에 마음조차 무너져 돌아왔다.

그는 머리를 쥐어짜며 살았더니, 머리카락이 백발이 되고 그나마 반은 숱이 빠졌다며 세월 대신 아내를 탓한다. 요즘은 몸을 쓰며 살고 싶다는 타령이다. 도배 장판 몰딩, 배관, 용접, 중장비, 자동차 정비 등을 배운다. 더러, 손가락 한두 마디가 날아가 아내와 자식들에게 바쁜 걸음을 치게 하면서도, 얼굴은 한가득 웃음이다. 한 집안의 가장이 행복한 피에로 어릿광대 노릇이다. 이즈음 또 폭탄선언을 한다. 4, 5개월 찾지 마시라. 선박 엔진 수리를 배울 것이란다. 자신이 열다섯 살부터 하고 싶었다니, 어찌 소년의 꿈을 꺾을까. '사추기'에 들어선 배우자의 취향은 '타인의 취향'이다.

그는 필리핀 세부 막탄섬에 들어가 프리 다이빙을 마스터하고 돌아온 이후, 섬의 원주민처럼 행동한다. 발가락 열 개가 다 보이는 조리 슬리퍼에 넓적다리 찢어진 청바지나 핑크빛 반바지, 모자를 삐딱하게 쓰고 해변 길을 누빈다. 낭만적이라고? 맞다, 그는 마린 보이 보헤미안이 되었다.

배 위에서 아내가 〈적벽부〉를 읊으면, 그는 목란나무 상앗대로 달그림자를 툭툭 치며, 표표히 나부끼는 돛을 펄럭이며 밤바다를 누빈다. 승선 리뷰를 읽어보면, 한결같이 친절하고 젠틀하다는 좋은 말은 다 적혀있다. 어찌 아니냐고? 그가 열어놓은 사이트에 답글 쓰는 것이 나의 아르바이트다. 더러 유람객에게 감사의 봉사료도 받는 모양이다. 그는 마린시티에서 '산티아고 노인'의 풍경이 되어가고 있다.

어디, 어니스트 헤밍웨이가 청새치를 잡아 오는가. 쿠바의 아바나 항구, 사계절 돛단배에서 내려 낡은 카디건을 걸치고, 왁자한 선술집에 들러 어부들의 애환을 보고 들었을 것이다. 그가 당긴 그물에 걸린 것은 《노인과 바다》다. 그 소설로 헤밍웨이는 퓰리처상과 노벨문학상을 받았지만, 이후 글이 써지지 않자 우울증과 알코올 중독증에 시달렸다. 엽총의 총구를 입에 문 채 방아쇠를 당긴 그의 나이는 62세였다. "바다가 황금이불을 덥고 사랑을 나눌 무렵"이면, 내 짝지도 자전거를 타고 "따르릉, 따르릉~" 바닷바람에 전 모습으로 아내 곁으로 돌아온다.

'누구를 위하여 종을 울리나?' 글쎄. 남자는 배 여자는 항구라고 하던가. 그의 아내는? 등댓불이다. 그의 '영화처럼 즐기기'의 로고에 맞춰 가끔 도시락을 준비하거나 《맘마미아》 파티복으로 접안을 도우러 나간다. 통나무 같던 넓적다리는 언제 적 이야기인지. 마른 장작 같은 정강이에 힘이 빠진 날은, 배의 밧줄을 잡아당겨 육지의 고리에 묶어준다. 그 대가로 와인 잔으로 건배도 한다. 바람이 없어 세일링을 하지 못하는 날은 원고를 들고 나가 미풍에 퇴고도 한다.

내 영혼의 정박지, 나는 그의 닻줄에 걸렸다. 돛의 방향키를 쥔 스키퍼의 밧줄에 꽁꽁 묶였다. 《무기여 잘 있거라》와 같은 대작은 헤밍웨이의 몫이지만, 작가의 창작 의지는 닮고 싶다. 내가 쓴 책이 지성과 감성을 갖춘 독자들의 소품이면 족하다. 나른한 봄볕에 꼬박꼬박 졸고 있으면, 무릎 위에 펼쳐놓은 책이 실바람에 살랑살랑 넘어가는 풍경이 되고 싶다.

지금, 그녀와 그녀의 배우자는 요트 모양의 뾰족탑 62층에 둥지를 틀고 있다. 높아서 무섭지 않냐고? 바다에서건 배 위에서건 첨탑에서건, 스스로 삶을 선택할 62세 나이는 지났으니, 그 얼마나 다행인가. 더구나 〈류밍웨이〉를 쓸 수 있도록 배경을 마련해 주니, "류밍웨이는 복도 많지."

살롱, 체크아웃

 애인, 별장, 요트, 이 세 가지를 소유하는 순간부터 머리가 아프다고 한다.
 이 나이에 애인이 생겼다. 신의 은총이다. 아내는 붙박이장처럼 남편과 아이들을 기다리다 힘들면, 싱크대 밑에 쪼그리고 앉아 눈물이나 훔칠 것이다. 만약 애인에게 장롱 취급을 하면, 바로 스마트 폰으로 깨진 하트 조각이 날아온다. 연애하는 사람들은 핸드폰을 손에 꼭 쥐고 분초를 다투며 대기 중이다.
 어느 가족이 별장을 마련했다. 황토벽에 찜질방도 갖췄다. 주말마다 손님이 온다. 경치 좋다고 한잔, 공기 좋다고 한잔, 부어라 마셔라. 누리꾼들은 '힐링'이라는 단어를 쓴다. 날이 밝으면 텃밭의 오이 호박 풋고추를 탐내며 "이거 몇 개 따 가도 돼요?" 먹을 만큼 호박잎 몇 장, 땅두릅 몇 대면 족하다. 그러나 차까지 몰고 갔으니, 이웃사랑이 움튼다. 어린잎은 어디 갔는지 씨도 안 남길 기세다. 장맛을 보았으면 되었지 메줏덩이까지 예쁘다며 들고 간다. 찜질방에서 땀을 닦은 수건이 방 구석구석에 구겨져 있다. 장작 패느라 생고생한 남편과 해 먹이느라 진땀 흘린 아내는 도낏자루와 부지깽이를 집어 던진다. 산에서 내려온 멧돼지보다 도시에서 출몰한 사람이 더 무섭다는 볼멘소리다.

여행에세이 책 첫 장에서 '이문회우', 〈수필은…〉 '여정' 시공을 초월하여 문文으로써 만났다. 성현과 군자와 문헌과 문우와 그리고 나. 궁핍한 나의 일상을 품稟과 격格으로 다독여 이문회우以文會友 이우보인以友輔仁의 경지로 이끈다. 못 만났으면 어쩔 뻔했나. 나의 벗 나의 스승, 수필! 이라고 썼다.

나에게 수필은 '문학 살롱'이었다. 여태까지가 본문이었다면, 이제 나는 퇴고를 할 차례다. 몸이 마음을 따르기가 버겁겠지만 '이우보인'이라는 '스포츠클럽'으로 옮길 요량이다. 그를 거부할 수가 없다. 〈선상 문학〉으로 시위하고 〈가까이하기엔 너무 먼 당신〉과 〈별을 품은 그대〉로 대치하다 〈불꽃, 지르다〉로 협상이 끝났다.

부산 수영만 요트장에 전설의 부부가 있었다. 우리나라에 국제적인 요트 계류장(86아시안게임)이 생기기 이전부터 요트를 꿈꿨다. 그는 젊은 시절 중동에 파견을 나가 해외문물을 많이 보고 경험한 엔지니어다. 기술을 총동원하여 날마다 달마다 해마다 자르고 쪼고 갈고 닦는 절차탁마로 철선 '이삭호'를 제작했다. 그는 퇴직하자마자 부인과 세계 일주를 한다며 떠났다. 도착하는 곳마다, 그곳의 입국절차와 풍물 좌충우돌하는 에피소드를 등을 사이트에 올렸다. 예기치 못한 풍랑과 파도, 돌고래 떼들의 군무, 밤하늘의 별, 잔잔하고 평화로운 그들의 모습은 마치 미술관 안의 명화와 같다. 밀레의 기도, 신대륙의 발견, 빛의 화가 모네의 그림처럼 석양의 요트가 아름다웠다.

　당시, 수영만 요트클럽 활동을 하던 내 남편도 그 부부를 로망으로 삼았던 것 같다. 비가 오나 눈이 오나 바람 불어도 매일 요트장 언저리에서 얼쩡거린 지 20여 년. 주색 가무에 무관심한 남편이 '꿈 너머 꿈'을 키웠다. 물만 흘렀겠는가. 세월도 흘러 내 남편도 어느덧 퇴직했다. 남의 일은 금세 잊는다. 선구자는 진작 잊혔다. 왜 잊혔을까. 사이트 자체가 멈춰버렸다. 배 이름마저 가물가물 몇몇 마니아만이 기억한다. 나의 남편은 그들의 소식이 끊긴 마지막 기항지 말레이시아 페낭 해변을 혼자 걸었다. 선착장마다 기웃거리며 찾았다. 어느 곳에도 그들의 흔적이 없다. 추측건대 그분들은 먼저 저세상으로 간 아들 곁으로 간 것 같다며 몹시 마음 아파했다. 나는 남편을 위로했다. 그분들의 '선택적 삶'이 결코, 나쁘지 않았다고. 또 남편에게 꿈 너머 꿈, 풍랑을 선사했다. 뱃사람들에게 가장 무서운 폭군은 바람이다. 그런데 그 세찬 바람에 맞서 세일링하는 요티들이 신바람을 꿈꾸는 이유다.

드디어 그는 돛단배를 소유했다. 엄청난 태풍이다. 요트가 나오는 영화가 〈맘마미아〉처럼 해피엔딩이기는 드물다. 대부분 인간의 한계를 보여주는 재난영화 〈올 이즈 로스트〉 〈어드리프트〉 부표 없이 떠도는 〈러덜니스〉이거나 혹은 〈태양은 가득히〉로 인간의 욕망을 그려낸다. 30년 넘게 공직에서 열심히 일한 당신, 이제 겨우 인생의 항로에서 닻을 내리고 쉴 시간이다. 안정된 노후를 마다하고, 느닷없이 'ALOHA'라는 로고를 배에 새겼다. 흰 돛을 펄럭이며 아내와 함께 세일링을 하자고 반항 중이다.

항해에 어찌 순풍만 있겠는가. 검푸른 바다에서 미스트랄급 세찬 바람과 맞닥뜨리는 날도 있을 것이다. 망망대해에서 혼자 수평선을 바라보며 배에 부딪히는 파도 소리만 들리고, 잠 오고 배고프고 구토가 심한 멀미로 사흘만 외로움을 경험하면, 환시와 환청이 들린다고 한다. 그 사서 고생을 내 남편이 택했다. "세상에서 가장 기쁜 날은 요트를 산 날, 더 기쁜 날은 요트를 판 날"이라는 말을 들었다. 그날이 언제쯤일까. 멀리 있는 바다만큼 요원하다. 부부는 한배를 탔으니, 크루는 당연히 스키퍼의 말을 잘 들어야 한다. 그에 대한 나의 의리다. 나는 그의 닻⚓ 줄에 걸렸다.

체크아웃!

류창희 여행에세이

체크인 체크아웃

인쇄 2023년 9월 19일
발행 2023년 9월 27일

지은이 류창희
발행인 서정환
펴낸곳 수필과비평사
주소 서울시 종로구 삼일대로 32길 36(익선동 30-6 운현신화타워) 305호
전화 (02) 3675-3885 (063) 275-4000 · 0484
팩스 (063) 274-3131
이메일 essay321@hanmail.net
출판등록 제300-2013-133호
인쇄·제본 신아출판사

저작권자 ⓒ 2023, 류창희
이 책의 저작권은 저자에게 있습니다. 서면에 의한 저자의 허락없이 내용의 일부를 인용하거나 발췌하는 것을 금합니다.
COPYRIGHT ⓒ 2023, by Ryu Changhui
All right reserved including the rights of reproduction in whole or in part in any form.
저자와 협의, 인지는 생략합니다.
잘못된 책은 바꿔 드립니다.

ISBN 979-11-5933-485-6 03810
값 15,000원

Printed in KOREA

* 이 책은 황의순문학상 수상 기금 지원으로 발간되었습니다.